KB128466

부동산산업 윤리 시리즈 2

부동산금융의 윤리

건국대학교 부동산·도시연구원
케빈정/알에이케이 투자윤리연구센터

박영사

발간사

'부동산산업 윤리 시리즈'의 발간을 세상에 알립니다.

2016년 '부동산 산업의 윤리'를 세상에 내놓은 이래 2020년에는 '부동산산업 윤리 시리즈'를 발간합니다. 5년 전 부동산산업 윤리라는 용어 자체도 생소했던 환경에서 그 의미의 중요성을 인식시키고, 연구와 교육을 위해 케빈정/알에이케이 투자윤리연구센터를 설립했습니다. 시작과 진행을 함께 하며 지켜봐 왔던 입장에서 부동산산업 윤리 전문서적 시리즈의 발간은 감개무량합니다.

부동산산업 윤리의 제고를 위한 새로운 길을 제시합니다.

부동산·도시연구원은 건국대학교의 교책연구소입니다. 산하기관인 케빈정/알에이케이 투자윤리연구센터는 2015년 RAK 케빈정 회장의 제안과 기부로 부동산산업의 투명성, 신뢰성, 윤리성의 제고를 목표로 설립되었습니다. 국토교통부가 후원하고 한국부동산분석학회가 주관한 2016년 제1회 부동산산업의 날 행사에서 부동산산업 윤리헌장을 공포하는 등 윤리와 관련한 세미나와 서적발간 등 부동산산업 윤리의 제고를 위한 새로운 방향을 꾸준히 제시해 왔습니다.

부동산산업 윤리의 전문성을 강화하고 있습니다.

케빈정/알에이케이 투자윤리연구센터는 우리 사회에 부동산산업 윤리의 중요성을 인식시키고 논의를 한 단계씩 상향시켜온 점이 성과라고 자부합니다. 부동산개발업, 부동산금융업, 부동산자산관리업, 부동산감정평가업 등 부동산산업을 대표하는 전문분야를 현직 부동산학과 교수를 중심으로 집필진을 구성하고 상당 기간의 노력으로 일궈낸 4권의 책인 '부동산산업 윤리 시리즈'의 출간은 전문성 강화 측면에서 각별합니다. 집필진이신 백민석, 강민석, 남영우, 윤동건, 김재환 교수께 감사 인사를 드립니다.

부동산산업 윤리의 내재화와 내실화를 꾀해 왔습니다.

건국대학교 부동산과학원은 부동산산업 윤리 교과목을 개설하고 각종 윤리 세미나를 진행해 왔습니다. 이제 윤리 교과목은 부동산학에서 기본이고 원칙인 과목으로 자리매김하고 있습니다. '부동산산업 윤리 시리즈'의 출간은 부동산 윤리교육의 내재화와 내실화라는 큰 흐름에 이바지하리라 판단합니다.

고마움을 전합니다.

부동산산업 윤리라는 척박한 분야에 새로운 씨를 뿌려주신 RAK 케빈정 회장께 감사 인사를 드립니다. 센터를 이끌고 부동산산업 윤리 시리즈를 기획하고 진행해 주신 유선종 교수께도 심심한 사의를 표합니다. 부동산산업의 윤리에 대해 고민하고 노력하고 계신 모든 분께 '부동산 산업윤리 시리즈'의 발간에 즈음하여 고맙다는 말씀을 드립니다.

2020. 11.

건국대학교 부동산·도시연구원장 이현석

축　사

　　코로나 19의 여파로 인해 여러모로 어려운 상황 속에서도 케빈정/알에이케이 투자윤리연구센터의 기획운영진을 비롯하여 부동산개발, 금융, 평가, 자산관리 등 각 분야별로 함께해주신 집필진 분들이 고민하고 연구하여 만들게 된 '부동산산업의 윤리' 시리즈의 두 번째 출간을 진심으로 축하합니다.

　　2001년 한국에 리츠 제도가 도입된 이후, 지난 20년간 한국의 부동산산업, 특히 부동산 투자 업계는 양적으로나 질적으로 엄청난 변화와 발전을 이루어 왔고, 최근 몇 년 동안 한국 기관투자자들의 해외 부동산 투자 역시 유럽, 미국, 아시아 등으로 진출하고 있으며 이러한 트렌드는 앞으로도 지속적으로 확대될 것으로 예상됩니다. 이러한 트렌드에 맞춰서 한국의 부동산 투자산업의 패러다임은 경제 개발 시기인 1970~80년대에 개인 혹은 사기업이 부(富)를 축적하기 위해 사용하던 수단에서 벗어나 궁극적으로 공공의 이익을 추구하는 기관화(Institutionalized)로 급속히 변화하고 있으며, 그 과정 속에서 시장 참여자, 특히 대리인의 도덕적 해이, 역선택, 무임승차 등 대리인의 이해상충(Agency Dilemma) 이슈가 대두되고 있습니다. 최근에는 공적 연기금 등의 취약하고 비전문적인 지배구조와 투자의사 결정 과정의 불투명성에 관한 관심도 높아지고 있습니다. 또한 국내외 자본시장의 상호의존성과 각 나라의 상이한 규제와 제도는 투자윤리에 맞물려 준법이슈가 세계로 진출하고 있는 부동산 투자 업계에 커다란 도전이 될 것입니다.

　　4차산업혁명이라 일컫는 첨단기술의 발전은 부동산산업을 매우 빠르게 변화시키고 있습니다. 이에 따라 부동산윤리에 관한 연구도 뒤처지지 않고 계속해서 발전해 나가야 하며, 끊임없는 노력이 필요한 상황입니다. 다양한 시장 참여자들과 부동산학계의 산학 협력을 통해 적극적이고 체계적인 학문적 연구와 사례연구, 그리고 전문

직업윤리교육을 통해 풀어나가야 할 과제이자 도전이며, 이는 부동산산업 윤리의 발전을 위해 설립된 케빈정/알에이케이 투자윤리연구센터의 목적이기도 하며 사명이기도 합니다.

한국 최고의 역사와 세계 최대규모를 가진 건국대학교 부동산과학원의 커리큘럼에 부동산산업 윤리과목이 정규과목으로 개설되어 운영되는 것도 매우 의미있는 것으로 생각합니다만, 5년 전 이러한 문제의식에 공감하여 건국대학교 부동산·도시연구원에 설립된 케빈정/알에이케이 투자윤리연구센터가 이번에 두 번째의 성과물로 부동산산업 윤리 시리즈를 발간하게 된 것은 우리 모두의 기대에 부응하는 커다란 진전이라고 생각합니다.

끝으로 금번 '부동산산업의 윤리' 발간에 있어 집필진으로 참여해 주신 교수님들과 책을 구성하는데 도움을 주신 기획운영진 및 대학원생 분들께 깊은 감사를 드립니다. 또한 부동산 윤리연구가 지속적으로 운영될 수 있도록 물심양면으로 수고해 주신 신종칠 부동산과학원장, 이현석 부동산·도시연구원장, 유선종 케빈정/알에이케이 투자윤리연구센터장, 신은정 케빈정/알에이케이 투자윤리연구센터 책임연구원을 비롯한 관계자 분들께 응원의 박수를 보내며 건승하시기를 간절히 기원합니다. 오늘의 두 번째 발간이 우리나라 부동산투자 윤리 발전의 역사에 커다란 진전으로 기억되기를 희망합니다.

2020. 11.
RAK 회장 케빈정

인 사 말

 돌이켜 보면 우리 케빈정/알에이케이 투자윤리연구센터가 건국대학교 부동산
도시연구원 산하에 둥지를 튼 지도 벌써 5년이라는 시간이 흘렀습니다. 5년 동안의
노력과 시행착오의 결실이 이렇게 부동산산업 각 분야의 윤리서로 출간되는 것이
감개무량할 따름입니다.

 케빈정/알에이케이 투자윤리연구센터(이하, "본 센터")는 RAK 회장인 케빈정
과 ㈜알에이케이자산운용의 기부를 받아 설립된 기관입니다. 본 센터는 기부자이신
케빈정 회장님과 건국대학교 부동산학과 교수님들의 뜻을 모아 대한민국 최초로 부
동산산업의 윤리에 대하여 연구하는 기관으로 출발하였습니다.

 본 센터는 부동산 투자운용 전문가 및 부동산산업 종사자들의 직업윤리를 고취
할 수 있도록 건국대학교 부동산학과와 부동산대학원에서 '부동산산업 윤리' 강좌를
필수과목으로 진행하고 있으며, 부동산산업 윤리 연구를 지원함으로써 불모지와도
같던 부동산산업 윤리 분야에 기여하고 있습니다. 또한 부동산 투자와 경영 활동의
투명성을 제고하기 위한 학문적 노력의 초석을 닦아 나감으로써 투명하고 선진화된
부동산시장과 산업이 되도록 고민하고 있습니다.

 이를 위하여 윤리투자와 사회책임투자로 연구의 영역을 확대하고, 기업의 재무
적 요소뿐만 아니라 ESG 요소, 즉 환경(Environmental), 사회(Social), 지배구조
(Governance) 등과 같이 기업의 지속가능성에 영향을 미치는 비재무적 요소도 고려
하는 부동산책임투자(Responsible Property Investment) 즉, 부동산투자에 사회책임
투자의 원칙을 적용한 행위규범인 부동산책임투자로 연구의 영역을 확대하고, 이들
에 대한 평가지표 중 하나인 사회적 투자수익률(SROI: Social Return On Investment)
에 대한 연구로 그 영역을 넓혀나갈 것입니다.

본 센터의 초대 센터장이신 조주현 교수님은 2016년 국토교통부에서 제정한 제1회 부동산산업의 날에 맞추어 '부동산산업의 윤리'를 발간한 바 있습니다. 금번에는 부동산산업의 여러 분야 중에서 부동산개발(백민석), 부동산금융(강민석, 남영우), 부동산자산관리(윤동건), 감정평가(김재환)에 대한 윤리서를 발간하게 되었습니다.

부동산산업 윤리 시리즈의 두 번째 발간을 계기 삼아 더욱 도약하고 부동산산업의 투명화, 선진화에 더욱 기여하는 케빈정/알에이케이 투자윤리연구센터가 되도록 노력하겠습니다. 이 책의 발간까지 물심양면 지원을 아끼지 않으신 케빈정 회장님과 ㈜알에이케이자산운용, 그리고 신종칠 부동산과학원장, 이현석 부동산·도시연구원장, 부동산학과의 모든 교수님들과 집필진들께 감사의 인사를 드립니다. 마지막으로 이 책의 시리즈가 나오기까지 오랫동안 고생하신 박영사의 노현 이사와 전채린 과장, 원고의 교열을 맡아 수고한 신은정 책임연구원, 강민영, 고성욱, 음세호 원생에게 감사를 전합니다.

2020.11

케빈정/알에이케이 투자윤리연구센터장 유선종

PART 03
부동산 수요자 금융과 윤리

PART 04
공급자 금융에서의 윤리

부동산금융의
이해 및 현황

01

부동산금융의 개관

1) 개요

부동산금융은 부동산의 개발, 매입, 운영, 임대차, 처분 등을 위해 자금을 공급하는 시스템으로 정의할 수 있다.[1] 국내 부동산금융 분야는 외환위기 이후 본격적으로 활성화되었으며, 전통적 형태의 부동산금융인 부동산 저당대출을 비롯하여, 리츠, 부동산펀드, 부동산신탁, 부동산 PF, ABS, MBS 등에 이르기까지 부동산과 금융이 접목하면서 전문화된 산업으로 발전하였다. 부동산과 금융의 결합은 각각의 산업을 공동으로 발전시키는 긍정적 효과가 있다. 그러나 대규모 자본 투입과 사업 완료까지 장기간의 기간이 소요되는 부동산 산업의 특성상 다양한 이해관계자들이 참여하게 됨에 따라 자칫 모럴해저드(moral hazard) 문제에 노출되기 쉬우며 이로 인해 시장의 신뢰를 잃게 되는 부작용도 발생한 사례가 나타나고 있다. 그동안 부동산금융의 발전과정에서 많은 제도적 안전장치가 마련되었지만 빠르게 변화하고 있는 시장환경을 적시에 대응하기는 어려운 것도 현실이다. 따라서 부동산금융 산업이 시장과 투자자의 신뢰를 바탕으로 발전하기 위해서는 관련 산업 종사자들과 시장참여자들은 부동산이 가진 고유특성을 이해하고 수준 높은 윤리의식을 정립하여야 한다.

---

1 손재영 외, 『한국의 부동산금융』, 건국대학교 출판부, 2008, p. 15.

2) 부동산금융의 범위

부동산금융은 구분목적에 따라서 다양한 기준으로 범위를 설정할 수 있으나, 일반적으로 수요자 금융과 개발금융, 부동산을 목적으로 한 간접투자상품 등을 포함할 수 있다. 수요자 금융의 경우 부동산을 구매하고자 하는 경우에 자금을 지원하는 역할을 하며 주택담보대출의 경우가 대표적이다. 부동산에 대한 담보대출의 유동화방식을 통해서 다시 금융시장에서 상품화되기도 한다. 금융기관 등에서 수요자에게 자금을 대출해주는 시장을 1차 시장이라고 하며, 저당대출을 유동화한 증권 등이 투자자에게 거래되는 시장을 2차 시장이라고 한다. 이때 주택담보대출을 기초자산으로 하여 발행되는 증권을 MBS (Mortgage Backed Securities)라고 한다. 개발금융은 공급자 금융이라고도 하며 부동산개발을 위해서 필요한 자금을 조달하는 경우 이용된다. 외환위기 이후에는 부동산프로젝트파이낸싱(부동산PF)과 개발신탁 등이 대표적인 개발금융 방식이 되었으며, 개발금융 분야에서도 유동화 시장이 형성되면서 ABS와 ABCP방식도 부동산개발사업을 위한 자금조달수단으로 사용되고 있다. 간접 투자상품은 부동산투자를 위한 구입자금이나 개발자금 등을 간접투자방식을 통해서 모집하는 방식으로 우리나라에는 「부동산투자회사법」상 부동산투자회사(REITs)와 「자본시장과 금융투자업에 관한 법률」에서 규정하고 있는 부동산 집합투자기구(부동산펀드) 등이 있다.

02
국내 부동산금융의 성장과정

1) 외환위기 이전

한국이 1970년대 이후로 고도성장을 하면서 정부에서는 경제성장을 촉진하기 위해서 제조업 분야에 금융자원의 배분을 집중하였으므로 공식적이고 제도적인 부동산금융시장이 성장하기 어려운 환경이었다. 또한 외환위기 이전에 우리나라의 부동산시장은 대외적으로 매우 폐쇄된 시장이었으므로, 유동화나 간접투자 등 선진국에서 활용되고 있었던 금융방식의 도입도 쉽지 않았다. 특히, 주택가격이 크게 상승하면서 부동산시장을 보는 시선은 차가울 수밖에 없었고 정부에서는 투기억제를 위한 각종 규제책을 빈번하게 발표했다. 하지만, 빠른 경제성장으로 인한 유동자금과 소득의 증가는 부동산가격의 상승을 가져올 수밖에 없었고 내 집 마련이 많은 서민의 당면과제가 되면서 전세제도와 같은 비제도권 금융의 활용이 증가하게 되었다. 이에 따라 주택금융시장에서는 제도권 금융의 비중보다 전세보증금 등 비제도권 금융의 비중이 높게 나타났다.

공급자 금융에서는 선분양이 중요한 부동산금융의 역할을 수행했다. 선분양은 인허가 이후의 건설자금을 수요자가 부담하는 방식이므로 분양에만 성공하면 부동산개발회사들은 자금조달에 대한 부담없이 사업을 수행할 수 있었다. 다만 선분양제도에서도 부지매입 등 사업의 초기자금에 대한 조달이 필요했으며, 금융기관이 사업의 주체인 건설회사 등을 차주로 하여 자금을 지원하는 기업대출방식이나 개발신탁방식이 주로 활용되었다.

2) 외환위기 이후

　오일쇼크 등 몇 차례 어려움은 있었으나 상대적으로 안정적인 성장세를 지속하던 한국은 1997년 말 외환보유고가 심각하게 감소하면서 큰 위기를 맞이하게 되었고 IMF에 긴급 자금지원을 요청하여 구제금융을 받게 되었다. IMF는 구제금융의 대가로 강도 높은 구조조정과 경제전반에 대해 개혁과 개방을 요구했으며 이 과정에서 부동산과 금융시장의 제도와 환경 및 시스템에도 큰 변화가 있었다. 당시의 시장 상황을 돌아보면 IMF의 자금지원으로 국가부도사태는 막을 수 있었지만 우리나라의 경제 전 분야에서 혹독한 시련을 겪게 되었으며 부동산분야도 예외는 아니어서 주택가격은 크게 하락하고 많은 건설회사가 부도를 피하지 못했다. 다만, 부동산시장에는 외환위기 이전 정부의 기업 및 산업을 우선시하는 정책방향으로 인해서 과잉투자가 이루어지지 않았고 제도권의 수요자 금융시장은 규모가 작았기 때문에 상대적으로 빠른 시기에 회복이 가능했다. 또한 선진화된 부동산금융 시스템을 적극적으로 받아들이면서 시장의 구조를 개혁하는 계기가 되었다.

　외환위기 시기에 가장 많은 타격은 받은 부동산금융 분야는 부동산신탁이었다. 외환위기 이전에 부동산 개발을 위한 제도권 대출이 어려웠기 때문에, 개발신탁을 통한 자금조달이 활성화되었다. 당시에는 시공사와 시행사와의 역할분담이 현재와 같이 구분되지 않아 시공사가 시행사의 역할을 하는 경우가 많았고 건설사들은 자금조달 수단으로 개발신탁을 많이 이용했다. 이 방식에서 부동산 신탁회사는 부동산을 신탁받아 명목적인 시행사로서 자금을 조달했으며, 아파트나 수익형 부동산을 개발, 분양한 후 수익금으로 대출을 상환하고 신탁수수료를 받았다. 따라서 부동산 신탁회사는 자금조달로 인한 위험부담을 지지만 분양이 성공적으로 이루어지면 많은 신탁수수료를 확보할 수 있었다.

하지만 외환위기로 인해 대규모 미분양사태가 벌어지고 대출받은 자금에 대한 이자율이 크게 상승하면서 주요 신탁회사들이 부도가 나고 시장에서 퇴출되었다.

이렇게 외환위기로 인한 시련을 겪고 이겨내는 과정에서 부동산금융분야에서도 선진화된 시스템의 도입을 위한 규제완화가 필요하다는 요구가 있었고 그에 따라 많은 변화가 나타났다. 금융관련 규제의 완화로 주택마련자금, 주택건설자금 등 주택관련 대출은 물론 오피스 및 상가 등의 수익형 부동산에 대한 대출이 가능해졌다. 또한 신탁업법의 개정(1998년 4월)으로 은행에서도 부동신신탁상품이 출시되었으며, 자금조달방식의 선진기법 도입을 위해서 「자산유동화에 관한 법률」이 제정되는 것을 필두로 「부동산투자회사법」, 「간접투자자산운용업법」 등이 제정되었다. 1999년에는 KoMoCo가 설립되어 주택저당채권유동화를 시작하였고 2004년에 주택금융공사가 설립되어 보금자리론이 출시되면서 주택담보대출의 유동화가 본격적으로 시작되어 주택금융시장에 MBS 시장이 자리잡게 되었다.

이러한 제도개혁이 1998년을 기점으로 진행되었으므로 현대적 의미의 국내 부동산금융은 이때부터 시작되었다고 할 수 있다.[2] 개발금융시장에서는 시공사인 건설회사가 부채비율에 제한을 받으면서 개발사업의 주체가 시행사로 전환되는 현상이 나타났으며 이에 따라서 부동산 프로젝트 파이낸싱(부동산 PF)이 활성화되기 시작했다. 다만, 부동산 PF는 기존의 SOC사업 등에서 활용된 PF와는 달리 시공사의 지급보증이나 책임준공 등을 요구하여 시공사의 보증에 바탕을 둔 개발금융이라는 한계가 있었다.

---

2 손재영 외, 『한국의 부동산금융』, 건국대학교 출판부, 2008, p. 21.

시기	관련 법 제정 및 개정	내용
1996	국내 부동산서비스시장 일부개방	부동산 중개업, 감정평가업, 관리업, 부동산 서비스업
1998	국내 부동산서비스시장 전면개방	부동산 임대업, 분양, 공급업까지 개방 확대(전면개방)
1999. 1.29	주택저당채권 유동화회사법 제정	한국주택저당채권유동화㈜(KoMoCo) 설립 및 주택저당증권(MBS) 제도 도입
1999. 9.16	자산유동화에 관한 법률제정	자산담보부증권(ABS)제도 도입
2000. 4. 7	부동산투자회사법 제정	K-REITs 도입
2001. 5.24	부동산투자회사법 개정	기업구조조정 부동산 투자회사(CR-REITs)도입
2003.10. 4	간접투자자산운용업법 개정	부동산 간접투자기구(REF) 도입
2004. 3. 1	한국주택금융공사 설립	주택저당채권 등의 유동화와 주택금융신용보증 및 주택담보노후연금보증 업무 수행 목적

자료: 손재영 외, 『부동산금융의 현황과 과제』, KDI, 2012, p.6, 재작성 및 보완.

03
최근 부동산금융의 변화과정

1) P2P대출의 도입 및 확대

(1) 개요

　　P2P대출(Peer To Peer Lending)이란 기업이나 개인이 금융기관을 거치지 않고 온라인 플랫폼을 통해 대출계약을 체결하도록 하는 형태의 금융서비스를 의미한다. 운영과정에서 다수의 투자자와 다수의 차입자를 연결한다는 측면에서 대출형 클라우드 펀딩으로 불리기도 한다.[3] P2P대출은 2005년 영국의 조파(Zopa)가 대출자산에 대한 투자를 중개하는 웹사이트를 개설하면서 최초로 시작된 이후, 우리나라에서는 2006년에 머니옥션이 설립되면서 도입되었다. 국내에서는 P2P대출이 도입 초기에 크게 관심을 받지 못했으나 2010년대 중반부터 큰 폭으로 성장하면서 시장의 주목을 받기 시작했다. 특히 P2P대출 중에서 부동산담보대출과 프로젝트 파이낸싱이 큰 비중을 차지하면서 부동산금융의 한 분야로 자리잡게 되었다.

3　기준하, P2P대출의 현황과 향후과제, 국회입법조사처, 2018, p.1.

(2) P2P대출의 유형 및 한국형 P2P대출의 특징

P2P대출은 대출중개 구조를 기준으로 크게 직접중개형과 간접중개형으로 구분할 수 있다. 직접중개형은 차입자와 대출자가 직접 대출계약의 당사자가 되는 것으로, P2P대출 중개업체는 대출을 실행하지 않고 차입자의 정보를 심사하여 대출자에게 제공하고 대출상환과 대출관리, 추심 등의 업무를 지원하는 역할을 한다. 이 방식은 영국의 Zopa, 미국의 SoFi, 중국의 P2P대출 중개업체 대부분이 채택하고 있는 대출 중개구조이다. 간접중개형은 사실상 대출자가 직접 대출을 실행하지 않고 연계금융회사가 대출을 실행하면 P2P대출중개업자가 대출자산을 매입하고 이를 기초자산으로 한 증권을 발행하여 투자자에게 매도하는 방식이다. 따라서 증권을 매수한 투자자가 사실상 대출자가 된다. 이 방식은 LendingClub 등 미국의 대표적인 P2P대출 중개업체가 채택한 방식이다.[4]

우리나라에서 활용되고 있는 P2P대출의 경우 두 가지 유형 중 간접중개형 대출구조형식과 유사하나 제도상의 차이로 인해서 일반적인 형태의 간접중개형 대출구조와는 차이가 있다. 먼저 연계금융회사가 대출자산을 증권화하여 투자자에게 매도하지 않고 직접 보유하고, 대부업자가 연계금융회사인 경우가 대부분이라는 점에서 대출채권의 소유권주체에 대해서 차이가 있다. 이 경우 사실상 대출인 투자자는 대부업자의 자회사인 P2P회사에 투자를 실행하고 이에 대한 원금과 약정 수익을 지급받게 된다. 두 번째 차이점은 P2P대출에 대한 투자는 일반적인 금융투자상품과 달리 '자본시장과 금융투자업에 관한 법률'에서 정의하는 집합투자증권으로 인정하고 있지 않다는 점에서도 일반적인 간접중개형 P2P대출과 차이가 있다. 이러한 차이로 인해서 현재 한국의 P2P대출은 상품의 특성이 명확하게 규정되지 못하여 제도적인 규율도 애매모호한 상황으로 투자자의 보호제도가 미흡하고 대부업체 등의 모럴해저드 등이 발생할 가능성이 높아 제도적 개선과 함께 윤리적인 경영의 중요성이 높아지고 있다.

---

4 이성복, P2P 대출중개시장 분석과 시사점, 자본시장연구원, 2018, pp.10−14.

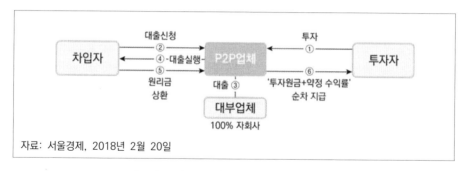

자료: 서울경제, 2018년 2월 20일

〈그림 1-1〉 P2P업체 투자 및 대출 흐름

(3) 시장현황

　　P2P대출은 2005년 영국의 조파(Zopa)가 대출자산에 대한 투자를 중개하는 웹사이트를 개설하면서 최초로 시작된 이후, 미국에서 Prosper Marketplace, LendingClub 등 관련 업체가 계속해서 성공하고 중국에서까지 활성화되면서 전 세계적으로 시장규모가 급격하게 확대되었다. 2016년을 기준으로 5년간 121%가 성장하여 약 326조원의 시장규모를 가지고 있으며 미국, 중국, 영국이 글로벌시장의 97.5%를 차지하고 있다. 우리나라는 금융시장에서 저금리 기조가 계속되면서 2015년부터 본격적으로 활성화되는 추세로 P2P금융협회 가입사의 대출규모는 2019년 7월을 기준으로 약 4조 5천억원이며, 협회가입사 외의 업체를 포함하여 크라우드연구소에서 발표한 자료에 따르면 2018년 8월을 기준으로 약 4조원에 달하는 것으로 나타났다. 2016년 말의 대출규모가 약 6,300억원인 것을 고려하면 괄목할 만한 성장세를 보이고 있다.

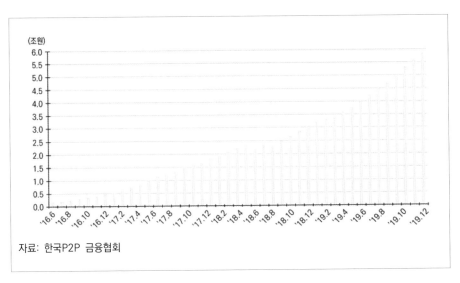

(조원)

자료: 한국P2P 금융협회

〈그림 1-2〉 P2P 누적 취급액 추이

국내 P2P대출은 2006년 머니옥션이 최초로 설립되면서 도입되었으나 이후 한동안 활성화되지는 못했다. 하지만 2016년 이후부터 급격하게 성장하여 업체 수는 2017년 말에 183개에서 2020년 6월에는 241개까지 증가하였으며 누적대출액도 10조를 넘어서게 되었다. 하지만 대출액이 증가하면서 연체율도 함께 증가하여 2020년 6월에는 16.6%로 나타났다. 이러한 현황은 살펴볼 때 P2P대출 시장은 업체수와 대출액은 큰 폭으로 증가하였으나 이에 따른 리스크 관리는 부실하게 이루어졌다는 것을 확인할 수 있다.

구 분	'17년말	'18년말	'19년말	'20년 3월 말	'20년 6월 3일
P2P 업체수(개)	183	205	237	240	241
누적대출액(억원)	16,820	47,660	86,506	95,984	103,251
대출 잔액(억원)	7,532	16,439	23,825	23,819	23,292
연체율(%)	5.5	10.9	11.4	15.8	16.6

자료 : 금융감독원

P2P대출유형은 크게 신용대출, 부동산 담보대출, 부동산 PF대출, 기타 담보대출 등으로 구분할 수 있다. 금융감독원에서 2019년 6월 말 기준으로 발표한 현황에서는 부동산 PF대출, 부동산 담보대출, 신용대출, 기타 대출 순으로 누적대출액 비중이 큰 것으로 나타났다. 특히 자산유동화(ABL)와 부동산 담보대출의 대출 잔액 증가율은 100%를 상회하여 빠르게 부동산금융의 한 분야로 자리잡고 있다.

■ [표 1-3] 유형별 P2P대출 잔액 및 추이

(단위 : 억원, %)

구 분	'18년 6월 말(A)	'18년 말	'19년 6월 말(B)	증감율(B-A)
부동산 관련 대출	5,444	7,768	8,797	61.6%
부동산 담보	1,826	3,048	3,789	107.5%
부동산 PF	3,197	3,927	3,946	23.4%
자산유동화(ABL)	421	792	1,062	152.2%
신용 대출	2,275	2,417	2,508	10.2%
기타 대출(동산 담보 등)	1,246	1,584	2,015	61.7%
계	8,965	11,769	13,320	48.6%

자료 : 금융감독원

(4) 성장배경 및 전망

우리나라 금융시장에서 P2P대출의 급격한 성장추세는 장기적인 저금리기조와 정부의 대출규제확대정책으로 인해서 P2P대출구조가 투자자와 차입자에게 모두 이익이 될 수 있기 때문이다. P2P대출업체는 주로 온라인을 기반으로 하므로 무점포운영으로 차입자와 투자자의 자금융통 거래를 중개할 수 있어 관리비용을 절감할 수 있다. 또한 P2P대출업체는 대체로 대부업 관련 규제를 적용받아 금융기관의 건전성 규제대상에 해당되지 않는다. 따라서 건전성 규제를 준수하기 위한 제반비용이 소요되지 않는다는 장점도 있다. 이렇게 온라인기반의 사업구조와 상대적으로 완화된 규제적용으로 인해서 절감된 비용은 일반 금융기관의 대출에 비해서 투자자와 차입자에게 모두 이익을 제공하는 윈-윈 사업구조를 형성할 수 있게 되었다.

먼저 차입자 측면에서 살펴보면 P2P대출이 투자자가 감당가능한 수준의 위험을 적극적으로 수용하고 상대적으로 높은 수익을 추구하는 구조이므로 기존 금융기관에서 대출을 받기 어려운 계층까지도 비제도권 시장에서보다 상대적으로 낮은 금리로 필요자금을 조달할 수 있다는 장점이 있다. 또한 2008년 금융위기 이후 엄격해진 부동산개발사업에 대한 심사로 인해 쉽지 않아진 부동산프로젝트파이낸싱도 P2P대출에서는 상대적으로 적극적으로 참여하고 있다.

P2P대출에 자금을 지원하는 투자자측면에서는 장기간의 저금리기조로 낮아진 수익률을 적정수준의 위험을 감수하고 높일 수 있다는 장점이 있다. 특히 최근 빠르게 개선되고 있는 핀테크 기술을 통해서 정형적인 리스크관리를 실행하는 기존 금융기관과 달리 다양한 방법을 활용하여 리스크평가를 할 수 있어 위험을 낮추는 시도를 하고 있는 점도 P2P대출에 대한 투자가 증가하는 원인이 되고 있다. 크라우드 연구소의 발표에 따르면 2018년 8월 기준 수익률은 대출대상에 따라서 차이는 있지만 약 14%수준으로 상당히 높게 나타나고 있다.

현재 P2P대출은 금융산업에서 가장 중요한 요소인 신용위험을 다수의 참여를 통한 위험의 분산으로 해결하고 있다. 즉 온라인으로 다수의 개인인 자금수요자와 공급자를 연결하여 신용위험이 다수의 자금공급자에게 분산된다. 기존 은행대출의 경우 은행이 신용위험을 부담하게 되고 이에 대한 대가를 수수하기 때문에 자금공급자는 낮은 수익이 제공되었지만 P2P대출의 경우 자금공급자가 위험을 부담하면서 높은 수익을 추구할 수 있다.[5] 이러한 측면에서 P2P대출은 향후 핀테크 산업의 발전과 함께 더욱 성장할 것으로 기대된다. 핀테크를 기반으로 하여 기존 금융기관과 차별화된 비금융정보를 활용한 신용평가기술을 개발하게 되면 대출에 대한 위험을 감소시키고 대출중개과정에 소요되는 시간을 단축할 수 있게 되는 등 경쟁력을 갖추게 된다. 장기적으로는 AI기술 등을 활용하여 신용평가를 완전 자동화할 수 있는 플랫폼을 구축한다면 대출횟수가 많아질수록 대출에 대한 정보가 다시 수집되어 위험평가의 정확도를 높이고 비용도 낮출 수 있을 것으로 보인다.

(5) 문제점 및 개선과제

우리나라의 P2P대출구조는 대부업자의 자회사인 P2P업자가 투자자에게 투자대상과 약정수익률 등을 제시하고 자금을 유치한 후 대출수요자에게 자금이 전달되는 구조이다. 따라서 P2P업자의 운영능력과 윤리의식이 매우 중요하다. 먼저 P2P업체에서 수수료 수입 등을 확보하기 위해서 투자대상에 대한 적절한 평가없이 자금을 유치하는 경우 투자자를 유인하기 위해서 리스크 평가결과를 양호한 것으로 허위 또는 과장하여 제시할 수 있고 결과적으로 차입자의 상환과정에서 연체와 부실 등의 문제가 발생할 경우 중개업자의 파산으로 이어질 수 있다. 물론 P2P대출은 투자원금손실이 가능한 상품으로 투자자가 위험에 대해서 명확하게 이해하고 투자를 선택한다면 정상적인 투자과정으로 볼 수 있다. 하지만 P2P시장의 경우 기존 금융투자기관에 비해 관리 및 규율

---

5 이성복, 「P2P 대출중개시장 분석과 시사점」, 자본시장연구원, 2018, p.20.

의 사각지대가 존재하여 사전고시내용에 대한 규율이 명확하지 않고 부실발생 시 적절한 투자자보호가 어렵다는 문제점이 있다. 중국 등 해외국가에서는 P2P업체가 투자로 인한 수익을 분배하지 않고 다단계 사기형태로 운영되어 초기 투자자에게 실현 불가능한 수익을 약정하고 이를 새롭게 진입한 투자자 의 투자금으로 지급하여 부실발생 후 큰 사회적 문제가 된 사례가 있다. 우리 나라에서도 2018년 2월에 P2P대출이 국내에 도입된 이후 최초로 투자금이 묶 인 피해자들이 불완전 판매, 사기 등의 이유로 업체를 대상으로 집단소송을 하는 사건이 발생하고 부동산프로젝트파이낸싱을 기반으로 한 아나리츠의 경 우에도 1,000억원대의 사기 및 횡령혐의로 대표자가 구속되는 사고가 발생했 다. 특히 집단소송이 진행된 P2P대출업체 펀드의 경우 홈쇼핑 납품기업에 주 로 대출을 하였으나 연체율이 50%에 달하고 피해금액은 200억원이 넘으며, 피해자는 28,000명에 달하는 것으로 나타났다.[6] 2018년 9월 현재 P2P협회에 서 발표한 연체율은 5.4%로 매우 높은 수준이고 지속적으로 상승하는 추세에 있어 투자위험이 점차 증가하고 있으므로 이에 대한 대책이 필요한 상황이다.

이에 따라 정부에서는 P2P대출이 새로운 형태의 핀테크로서 기존의 법령 으로 규율하기 어려운 문제를 파악하고 금융당국을 통해 우선적으로 가이드라 인 형태로 규율하기로 하고 2017년 2월에 P2P대출 가이드라인을 발표하였다. 해당 가이드라인은 P2P업체당 연간 투자한도, 투자금의 별도관리, 투자광고제 한, 투자위험과 예상수익 등에 대한 공시 등을 포함하고 있으나 행정지도로서 법적 구속력이 없어 가이드라인을 지키지 않는 업체에 대해서 투자에 유의하 도록 하는 권고만을 할 수 있어 실질적인 효력이 발생하기에는 한계가 있다. 따라서 P2P대출을 핀테크를 기반으로 한 IT산업과 대부업과 금융투자업이 결 합된 새로운 형태의 산업으로 위상을 명확하게 정의하고 직접적인 법적 근거 와 관리 및 규제방안 등이 필요하게 되었다.

정부에서는 2019년에 P2P산업에 대한 명확한 법적 근거를 마련하고 영업

---

6 세계일보, 「P2P대출업체 집단소송 … 부실폭탄 터지나」, 2018년 2월 19일 기사.

행위규제 및 투자자·차입자 보호를 위해서 「온라인투자연계금융업 및 이용자 보호에 관한 법률」을 제정하였으며, 2020년 8월부터 시행에 들어갔다.

2) 인터넷뱅크의 진출 및 성장기능성

인터넷뱅크는 오프라인의 지점이 없이 온라인상에서만 운영을 하는 은행으로 우리나라에서는 2017년 4월에 케이뱅크가 설립되면서 최초로 도입되었고, 7월에는 카카오뱅크도 영업을 시작하였다. 인터넷뱅크는 운영초기 많은 관심을 모으면서 빠르게 규모를 확대시켜갔으나 최근에는 신용대출을 기반으로 한 구조에 한계가 나타나고 있어 부동산담보대출의 도입을 적극적으로 추진하고 있는 상황이다. 특히 정부의 은산분리 완화정책발표 등으로 성장이 예상되어 부동산금융으로의 진출도 빠르게 진행될 것으로 예상된다.

■ [표 1-4] **인터넷뱅크 주요현황**

구분	케이뱅크	카카오뱅크
출범시기	2017년 4월 3일	2017년 7월 27일
설립 시 자본금	2,500억원	3,000억원
대표	심성훈 케이뱅크 은행장	이용우, 윤호영 공동대표
주요주주	• KT, 우리은행, GS리테일 등 21개 주주	• 카카오, 한국투자금융, 국민은행, 넷마블 등 9개 주주
주요서비스	• 예금, 적금, 신용대출, 소액대출, 주택담보대출(예정)	• 예금, 신용대출, 간편송금, 해외송금서비스, 소액대출, 주택담보대출(예정)

자료: 박진형, 유안타증권, 2017.

인터넷뱅크는 케이뱅크가 설립하여 진출한 시점에서는 새로운 개념의 은행이 도입되었다는 상징적 의미가 있었지만 금융시장에 큰 영향을 미치지는 못했다. 본격적인 성장과 시장의 관심유도는 후발주자인 카카오뱅크에서 주도했다. 카카오뱅크는 출시된 지 한 달 만에 200만 계좌가 개설되었으며, 1.4조원의 여신과 2조원의 수신잔액을 나타낼 정도로 빠르게 성장하고 2018년 1월에는 500만 가입자를 달성하였다. 2018년 7월 말 현재 총 대출액은 케이뱅크가 1조 1,500억원이며, 카카오뱅크는 7조 1,000억원에 달한다. 이러한 예상보다 빠른 성장으로 인해 지속적인 유상증자도 이루어지고 있다. 케이뱅크도 이러한 카카오뱅크의 공격적인 사업추진에 자극을 받아 유상증자와 사업영역 확대를 추진하고 있다.

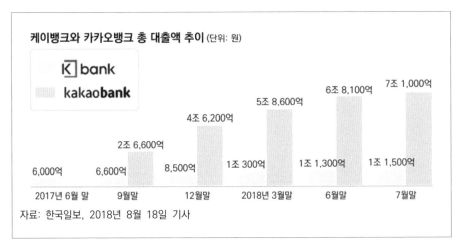

〈그림 1-3〉 주요 인터넷뱅크 현황

인터넷뱅크의 장점은 사용자 편의성과 금리경쟁력에 있다. 계좌를 개설하기 위해서 지점에 직접 방문할 필요도 없고, 10여 분 정도의 매우 빠른 시간 내에 계좌개설이 가능하다. 특히 카카오뱅크의 경우 화상전화를 통한 본인인증절차를 생략하고 주민등록증의 스캔으로 대체했으며 송금 시에도 공인인증서가 없어도 카카오톡 등을 통해서 가능하도록 하여 모바일기기에 익숙한 젊은 계층에게 큰 호응을 받았다. 오프라인에 점포를 개설하지 않아 절감된 비용으로 상대적으로 낮은 금리의 대출을 실행할 수 있다는 점도 장점이다. 이러한 현상은 이미 자동차보험이나 증권거래 등에서 나타난 현상으로 향후 인터넷뱅크의 활용가능성이 점차 높아질 것으로 예상된다.

하지만 인터넷뱅크가 시장에 성공적으로 정착하기 위해서는 해결해야 할 문제들도 있다. 먼저 증가하는 수요에 대응하기 위한 충분한 자본확충이 이루어져야 한다. 현재 지속적으로 증자를 추진하고 있지만 아직 시중은행에 비해서 자본규모가 작아 사업영역을 확대하기 쉽지 않은 상황이다. 또한 현재까지는 신용대출의 비중이 높다는 점도 해결해야 할 문제로 대두되고 있다. 신용대출의 경우 부동산담보대출에 비해서 위험가중치가 높아 BIS관리가 어렵고 실질적으로 리스크관리에 많은 노력이 필요하다. 따라서 앞으로 부동산 담보대출로 사업영역을 확대할 필요가 있어 현재 추진 중에 있다. 다만 현재 계획과 같이 주택담보대출비중을 높이는 경우에도 담보평가와 적정대출비율의 산정 등이 과제로 남을 것으로 보인다. 케이뱅크의 경우 부동산거래계약서를 기반으로 비대면 부동산담보대출을 추진 중이나 이 경우 매도자와 매수자가 허위로 매매가격을 높일 경우 과도한 대출로 이어지는 위험이 상존해 있다. 이외에도 인터넷뱅크가 시중은행을 위협하는 수준으로 성장할 경우 막대한 자금력을 보유한 시중은행의 공세를 어떻게 효율적으로 방어할 것인지도 중요한 과제가 될 것으로 보인다.

학습내용정리 Summary

01   부동산금융은 부동산의 개발, 매입, 운영, 임대차, 처분 등을 위해 자금을 공급하는 시스템으로 정의할 수 있다. 우리나라의 부동산금융은 외환위기 이후 활성화되었으며 이로 인해 부동산 수요자와 공급자 시장 모두 급속하게 성장했다.

02   부동산금융은 구분목적에 따라서 다양한 기준으로 범위를 설정할 수 있으나, 일반적으로 수요자 금융과 개발금융, 부동산을 목적으로 한 간접투자상품 등을 포함할 수 있다.

03   외환위기 이전의 주택시장에서 수요자 금융은 제도권 금융의 비중보다 전세보증금 등 비제도권 금융의 비중이 높게 나타났으며, 공급자 금융에서는 선분양이 중요한 부동산금융의 역할을 수행했다.

04   외환위기 이후 부동산금융 분야에서 선진화된 시스템을 도입하기 위해서 제도적 개선이 이루어졌으며 부동산 부분에 대한 대출이 확대되고 「자산유동화에 관한 법률」, 「부동산투자회사법」, 「간접투자회사법」 등이 제정되었다.

05   최근에는 기업이나 개인이 금융기관을 거치지 않고 온라인 플랫폼을 통해서 대출계약을 체결하는 P2P대출과 온라인 상에서만 운영을 하는 은행인 인터넷뱅크 등이 도입되어 부동산금융시장에서도 변화가 예상된다.

예시문제 Exercise

01   부동산금융의 개념과 범위에 대해서 제시하시오.

02   외환위기 이전과 이후에 부동산금융 분야에서 나타는 변화과정과 그 이유에 대해서
        설명하시오.

03   외환위기 이후 도입된 제도 및 법률 등에 대해서 제시하시오.

04   P2P대출의 개념과 특징을 설명하고 최근에 나타나고 있는 문제점과 향후 발전방향
        에 대해서 설명하시오.

05   인터넷은행의 개념과 현황 및 향후 발전방향에 대해서 설명하시오.

부동산금융과 윤리

01

부동산금융의 특성

　일반적인 의미의 금융이란 이자를 받고 자금을 융통하여 주는 것을 말한다. 즉 자금의 수요자와 공급자가 이자율을 매개로 하여 일정기간 동안 원금의 상환과 이자변제에 대해 상대방을 신용하여 자금을 이전하는 것을 말하며 부동산금융은 부동산의 거래와 개발 등 부동산활동을 위하여 자금을 조달하는 것을 의미한다. 부동산금융은 부동산의 고유의 특성으로 인해서 일반적인 의미의 금융과는 몇 가지 차이가 있다. 먼저 부동산은 실물자산으로 신용을 기반으로 한 금융과 달리 담보를 설정할 수 있다는 점에서 차이가 있다. 실물자산을 담보로 설정하여 대출을 실행할 경우 채무불이행시에는 경매 등을 통해서 채권회수가 가능하므로 금융기관에서는 대출에 따르는 위험부담을 줄일 수 있다. 이러한 담보대출의 가능성으로 인해서 부동산금융은 상대적으로 저금리로 대출이 실행될 수 있다. 대출금리의 책정 시에는 리스크 프리미엄에 대한 평가가 중요한데 담보가 설정될 경우 리스크 프리미엄이 낮게 책정될 수 있기 때문이다. 하지만, 담보가치에 대한 평가가 제대로 이루어지지 않거나 담보가치에 비해서 과도하게 대출이 실행될 경우 오히려 큰 부실로 이어질 수 있다. 미국의 서브프라임 모기지의 경우 담보가 되는 주택가격이 상승하는 추세에서 담보가치의 80~90% 수준의 대출이 실행되었으나 이후 주택가격이 하락하면서 대출이 부실화되는 문제가 발생한 사례가 있다.

　부동산 개발금융의 경우에는 앞서 살펴본 부동산금융의 특성에 더해서 대규모로 대출이 실행된다는 특징이 있다. 부동산개발은 토지구입부터 건설자

금까지 대규모자금이 필요하고 이러한 자금을 사업주가 모두 자기자본으로 조달할 수 없기 때문이다. 이렇게 대규모의 자금이 투입되기 위해서는 다양한 이해관계자가 참여하여 위험분담을 해야 하는 구조화금융이 필요하게 된다. 따라서 부동산개발금융은 복잡한 구조와 다양한 이해관계의 조정이 필요하다는 특징을 가지고 있다. 또한 부동산금융은 각 국가별 부동산관련 제도 및 개발절차 등에 따라서 국가별로 다른 특징이 생기게 된다. 우리나라의 부동산금융은 시장의 관행과 부동산시장의 성장 과정에서 발생한 대출방식 등으로 인한 특성을 가지고 있다. 먼저 수요자 금융 측면에서는 전세제도의 활용가능성이 있다. 일반적으로 타인자본을 활용하여 주택을 구입하고자 하는 경우 금융기관을 통해서 부족한 자금을 대출받고 이에 대한 대가로 원리금을 상환해야 하지만, 우리나라의 경우 대부분의 국가에서는 찾아보기 힘든 전세제도가 있어 일정기간 사용권을 제공하고 상당한 금액을 금전적인 대가없이 조달할 수 있다. 특히 전세를 통한 자금조달은 민간금융시장이 활성화되기 이전인 1990년대 중반까지 실질적으로 주택시장에서 대표적인 금융방식으로 활용되었다. 개발금융 측면에서는 외환위기 이전에는 건설사에 대한 기업대출이 일반적인 대출방식이었으나 외환위기 이후 건설사들에 대한 부채비율이 일정한도 이하로 제한되면서 프로젝트 파이낸싱 방식으로 전환되었다. 하지만 일반적인 의미의 프로젝트 파이낸싱이 특정사업의 재산과 성과로 인해서 대출금에 대한 원리금상환이 이루어지는 것과 달리 우리나라의 경우 금융기관에서 사업주인 시행사와 함께 시공사에 대해서도 책임준공과 지급보증 등을 요구한다는 특징이 있다.

02

부동산 및 금융산업에서
윤리의 중요성

1) 개요

　윤리란 사람이 지켜야 할 올바른 행위의 규범체계로 사회구성원들의 사회적 행동에 대한 옳고 그름을 판단하게 하는 최소한의 도덕적 기준이 된다.[7] 부동산금융은 부동산과 금융의 특성을 모두 가지고 있으므로 각각의 특성으로 인해서 윤리의 필요성이 발생한다. 또한 부동산과 금융이 결합하면서 파생되는 특성에 따라서도 윤리의 필요성이 대두되고 있다. 특히 부동산과 금융이 결합하면서 시장규모가 과거와는 비교할 수 없을 만큼 커지고 그만큼 투자에 따른 위험도 증가하고 있다. 여기에 실물자산인 부동산의 특성으로 인해서 문제 발생에 따른 사회적인 비용도 그만큼 커진다. 특히 부동산금융의 고도화로 인해서 대규모 자금조달이 가능해지면서 개발되는 부동산의 규모가 커지게 되고 그만큼 사회전반과 지역사회에 미치는 영향도 확대되고 있다. 물론 제도적으로 부동산금융의 부실화 등 문제 발생을 예방할 수 있는 장치를 만들어 나가고 있지만, 갈수록 복잡해지고 정교해지고 있는 부동산금융상품의 위험을 모두 방어하는 것은 어려운 실정이다. 따라서 각 분야 종사자들의 윤리의식이 점차 중요해지고 있다.

---

7 윤진수, 「금융산업의 윤리의식 강화방안」, 기업지배구조리뷰, 2010, p. 50.

2) 부동산의 특성과 윤리의 중요성

먼저 부동산의 특성으로 인한 윤리의 중요성을 살펴보면 부동산은 고정성이 있어 특정 토지를 한 번 개발하면 위치를 이동할 수 없다. 따라서 잘못 개발된 부동산이 인접지역 등에 미치는 부정적인 영향을 완전하게 제거하는 것은 불가능에 가깝다. 특히 부동산 중 토지는 영속성이 있고 건물의 경우에는 내구성이 있어 개발로 인한 문제를 단기간 내에 해결하는 것도 불가능하다. 결과적으로 잘못된 부동산의 개발 등으로 인한 사회적 문제는 해결이 쉽지 않다. 또한 부동산은 부증성이 있으므로 비용을 투입해서 공급을 증가시킬 수 없는 한정된 재화이며 이로 인해서 공공성이 중시된다. 따라서 부동산시장에 문제가 발생할 경우 이해 당사자뿐만 아니라 사회전반적인 문제로 확산되는 경우가 많다. 과도한 공급으로 인한 미분양과 건설회사의 부실, 무리한 대출로 인한 하우스푸어의 증가문제 등에 정부가 적극적으로 개입할 수밖에 없는 것도 이러한 부동산문제의 사회적 파급력이 매우 크기 때문이다.

3) 금융산업의 특성과 윤리의 중요성

부동산금융의 활용에 있어서 금융산업의 특성이 함께 융합되므로 금융산업의 윤리에 대한 이해도 필요하다. 금융산업은 개인이나 기업 등의 자금(타인자본)을 맡아서 관리하고 그를 통해 이윤을 창출하는 것을 목적으로 하며 이러한 과정에서 대리인 문제와 같은 윤리적 문제들이 발생하기 쉽다. 따라서 금융산업의 전문가들은 서비스를 제공하는 대상에 대하여 책임감을 가져야 한다. 금융산업은 기본적으로 자산을 맡기는 투자자와 금융기관의 신뢰를 바탕으로 한다. 이러한 신뢰가 금융시장에서의 거래를 활성화시키고 조달비용을 낮추게 된다. 만약 금융시장에서 상호 간의 신뢰가 무너진다면 기존의 시스템을 더 이상 유지할 수 없고 사회는 큰 혼란에 빠지게 된다. 따라서 대부분의 국가에서 금융분야의 신뢰를 유지하기 위해서 다양한 제도 및 규율을 만들어 적용하고 있다.

　하지만 금융거래의 형태는 매우 다양하고 새로운 방식의 금융이 계속해서 개발되고 있으므로 모든 거래방식에 대한 제도 및 규율을 만드는 것은 불가능하다. 이 경우 별도의 계약서상 약정 등을 통해서 문제가 될 수 있는 부분을 방지해야 하지만 전문지식이 없는 투자자의 경우에 금융기관 종사자에 비해서 관련 지식과 정보가 부족하므로 피해를 당할 수 있는 여지는 남아 있다. 따라서 제도적으로 해결이 어려운 부분에 대해서는 관련 분야 종사자의 윤리의식을 높이는 것이 필수적이다. 특히 많은 비윤리적 경영활동이 이전에는 법적 규제하에서 견제와 규제의 대상에 속했지만, 최근에는 합법의 테두리 안에서 발생하고 있다. 예를 들어 개인을 대상으로 한 대출에서 많이 활용되고 있는 은행의 꺾기대출 관행이 유지되고 있는 것은 현재까지 법적 제재사항이 아니기 때문이고 이는 실질적으로 대출금리를 높여 서민 대출자에게 상당한 피해를 안겨주고 있다. 따라서 이러한 합법의 테두리에서 이루어지고 있는 비윤리적 의사결정 행태를 억제하기 위해서 금융산업에 대한 윤리의식 함양이 무엇보다 중요시되고 있다.[8]

⑴ 부동산금융과 윤리

　부동산금융분야는 부동산시장과 자본시장이 가진 고유한 특징으로 각각의 산업이 가진 윤리기준보다 높은 수준의 윤리가 요구된다. 선진금융기법의 도입으로 인한 금융기술 발달로 자본시장 내 영역 간 경계는 급속히 허물어지고 있으며, 특히 부동산 등 실물자산과 일반적 금융상품의 결합은 금융소비자들의 상품에 대한 이해가 어려울 정도로 복합적이고, 정교하게 설계되어 있다. 이러한 복합화 현상은 금융상품의 공급자인 금융기관과 금융소비자들 사이에 갈등 가능성을 높이며, 실물자산의 경기가 침체기에 이를 때 더 큰 갈등이 나

8　윤진수, 「금융산업의 윤리의식 강화방안」, 기업지배구조리뷰, 2010, p. 53.

타나는 사례를 경험하였다. 따라서 부동산금융분야 종사자들은 투자를 원하는 고객에게 정확한 정보를 제공하고, 법률이 규정한 법규 이상의 윤리준수가 반드시 필요하다. 또한 부동산금융 종사자들의 윤리의식 함양은 소비자의 신뢰도를 높이고, 부동산금융 시장참여를 확대시켜, 부동산금융분야의 활성화를 위한 지름길이 되며, 부동산금융분야가 한 단계 성장할 수 있는 초석이 될 것으로 기대된다.

부동산금융 분야도 일반적 금융분야와 동일하게 타인의 재산을 다루는 분야이고 부동산의 특성상 상대적으로 대규모의 자금이 다루어지기 때문에 관련 종사자 및 이해관계자에 대한 윤리의식 강조는 매우 중요하다. 따라서 부동산금융분야 종사자들은 평소 철저한 법률규정 준수는 물론이고, 직업 윤리적 측면에서 고객과 투자자의 신뢰를 확보하고, 종사자 스스로의 윤리준수에 대한 마인드가 확립되어 있어야 한다. 미국의 경우 4E(Ethic, Education, Exam, Experience)로 요약되는 부동산 전문교육의 기본적 틀에서 윤리교육을 가장 우선적으로 실시하고 있다.[9]

금융투자분야에서는 고객 및 투자자에게 제공하는 정보의 정확성은 물론이고, 보다 적극적으로 금융소비자 보호를 위한 노력과 법이 요구하는 수준이상의 윤리적인 업무자세가 요구된다. 특히, 신용을 기반으로 운영되는 자본시장에서 철저한 윤리의식을 기반으로 한 투자자의 보호가 효과적으로 이루어지지 않으면 결국 투자가 위축되어 금융산업의 발전에 걸림돌이 될 수 있다. 부동산금융분야의 활동은 금융을 기반으로 이루어지기 때문에 금융산업에서 강조하는 윤리적 특징을 살펴보는 것이 중요하다. 금융산업은 고객의 자산을 수탁하여 운영, 관리하는 투자자의 대리인으로서 여타의 산업보다 다양한 규제와 이에 따른 감독기관의 감독이 많은 분야이다. 그러나 이러한 제도적인

---

9 박인호, 「미국식 부동산전문교육의 도입방안에 관한 연구」, 『부동산중개학회지』 제1집, 2011, pp. 87-88.
정은희 외 2인, 「부동산업 전문직 종사자의 직업윤리에 관한 연구」, 『한국부동산학회』 제42집, 2010, pp. 161-175.

감독에도 불구하고 아직까지도 금융분야에서 불완전판매, 고객예치금의 횡령 등 다양한 유형의 문제가 발생하는 것을 언론 등을 통해서 자주 확인할 수 있다. 내부비밀유지에 엄격한 금융기관의 특성상 실제로는 알려져있는 것보다 더 많은 사고가 발생하고 있을 것으로 보인다. 따라서, 금융신업 내에서 행위를 법규만으로 규제하는 것은 고객으로부터 수탁받은 금융자산의 안정성 유지와 금융소비자 보호에는 한계가 있으며, 종사자의 직무윤리함양에 대한 필요성이 높아지고 있다.

참고 금융사고의 정의 ─────────────────────────────

금융사고란 금융기관 소속 임직원이나 소속 임직원 이외의 자가 금융업무와 관련하여 스스로 또는 타인으로부터 권유, 청탁 등을 받아 위법, 부당한 행위를 함으로써 당해 금융기관 또는 금융거래자에게 손실을 초래하거나 금융질서를 문란하게 하는 행위를 의미한다.
다만, 여신심사 소홀 등으로 인하여 취급여신이 부실화된 경우에는 이를 금융사고로 보지 아니한다. 금융사고는 금전사고와 금융질서 문란행위로 구분된다. 금전사고는 횡령 · 유용, 사기, 업무상 배임 및 도난 · 피탈 사고 등 금융회사 또는 금융거래자에게 금전적 손실을 초래하는 사고이며, 금융질서 문란행위는 사금융 알선, 금융실명법 위반, 금품수수 등 금전적 손실은 없으나 금융관계법을 위반하는 사고이다.

자료: 금융감독원 용어사전

　　부동산금융시장은 다양한 형태로 고도화되면서 발전해가고 있지만 우리나라의 경우에는 아직까지 간접투자형태의 부동산투자시장이 성장 단계에 있어 전통적 형태의 부동산 저당대출 중 주택담보대출이 부동산금융시장에서 차지하는 비중이 매우 높다. 또한 주택담보대출은 대다수 일반 국민들의 주거생활과 밀접하게 연관되어 있으며, 시중은행의 영업점을 통해 접근가능한 가장 일반화된 부동산금융 분야이다. 주택담보대출 시장은 외환위기 이후에 규제가 완화되면서 2000년대 들어 시장규모가 급격한 성장세를 나타냈다. 이러한 성장의 주요 원인은 외환위기 이후 신용위험관리의 중요성이 강조되면서 은행을

비롯한 금융회사들의 상대적으로 부실대출 위험이 적은 주택담보대출 영업강화와 저금리 현상에 주로 기인한 개인들의 주택대출 수요확대이다.

외환위기 이후 은행권의 주택담보대출에 대한 경쟁과열과 주택담보대출의 수요 증가는 대출기관 임직원의 직무상 윤리의식 약화 및 금융기관 사고를 유발할 수 있는 환경을 제공하였다. 주택담보대출은 금융소비자의 필요 자금규모가 커서 단기보다는 중장기 대출로 이루어지기 때문에 금융회사 및 차입자들은 여러 가지 위험에 노출되어 있다. 주택담보대출과 관련된 위험은 금리위험, 조기상환위험, 채무불이행위험, 유동성 위험, 법적·제도적 위험 등이 있다. 따라서, 다양한 위험이 상존하는 주택담보대출을 담당하는 금융기관 임직원에게 요구되는 높은 수준의 직업윤리는 회사의 수익성뿐만 아니라, 경영안정성, 외부평판 등에 직간접적으로 영향을 미치게 된다. 은행 내 금융사고의 주요 원인으로는 내부통제 미흡, 금융종사자의 윤리의식 악화, 구조조정과 고용불안 등을 들 수 있다. 특히 과거 몇 년 동안 경기침체와 저금리기조에서 비교적 쉽게 수익이 확보되는 주택담보대출을 경쟁적으로 확대하면서 특판 경쟁 심화로 소매영업점에 대한 주택담보대출 취급관련 지도, 감독 등 내부통제를 소홀이 한 측면도 존재한다. 그 결과 주택시장 상승기에는 과도한 대출로 인한 시장과열현상이 발생하고 침체기에 돌입할 경우 하우스푸어와 깡통 전세현상이 발생하는 악순환이 나타나 사회적인 문제가 되기도 하였다.

앞서 언급한 글로벌 금융위기 사태는 금융기관들이 주택가격 급락이 우려되는 상황에서도 이익 추구를 위해 무리하게 주택 대출활동을 지속한 것에 기인한다. 뿐만 아니라 주택대출을 기초자산으로 파생상품을 계속해서 판매하여서 레버리지를 지나치게 키운 수익우선주의와 편법 경영 등의 도덕적 해이가 있었기 때문에 발생한 사건이었다. 대부분의 금융사고가 한 순간 발생하는 것이 아니라 회사의 수익 극대화와 동일 회사 내 또는 타회사와의 지나친 경쟁 환경 속에서 내부통제를 소홀히 하는 관행이 더 해져서 시작되었다, 내부통제란 영업의 효율성, 재무보고의 신뢰성, 법률 및 규정준수 등 조직목표를 효과

적·효율적으로 달성하기 위해, 조직 자체적으로 제정하여 이사회 및 임직원
등 조직의 모든 구성원이 이행하여야 하는 절차를 의미한다. 금융기관이 수익
성 향상을 위해서 내부통제기준을 완화하거나 절차가 느슨해지게 되면 직원들
이 업무를 수행함에 있어서 실적 중심의 사고를 가지게 되어 윤리의식이 약화
및 엄격한 절차준수에 대한 인식이 둔감해짐으로써, 결과적으로 대형 금융사
고가 발생하는 과정을 거치게 되었다.

참고 주택담보대출 관련 금융사고 사례 ──────────────────────────

○○은행 영업점들은 주택담보대출을 취급하면서 임대차계약 및 본인 거주 확인을 소홀히 하고
소액 임차보증금 적용 오류 등으로 LTV(담보인정비율)에 따른 대출한도를 초과하여 취급하였으
며, 본점은 영업점의 주택담보대출 업무취급의 적성성에 대해 적절히 점검·통할하지 못하는
등 내부통제를 소홀히 하였다. 동 은행은 주택담보대출 부문에서의 외형확대를 위해 사고기간
중 주택담보대출 증대 캠페인을 추진하며 추가대출 수요자에 대한 영업활동을 강화하도록 독려하
였고, 영업점 성과 평가 시 주택 담보대출 취급실적을 중점추진항목으로 추가하면서 외형확대를
추진하였으며. 그 결과 주택담보대출의 대출한도 초과가 캠페인 기간 중에 집중적으로 발생
하였다.

자료: 정대용, 「은행의 리스크관리와 컴플라이언스(최근 금융사고 사례와 교훈)」,
『The Banker』, 2010, p. 28.

───

5) 윤리의식부재에 따른 금융사고 사례

앞서 살펴본 바와 같이 부동산 및 금융분야 종사자들의 윤리의식부재는
대규모 사고로 나타날 수 있고 실제로 이러한 사례가 수차례 발생했다. 특히
과거 국내 외에서 발생한 각종 금융 및 부동산 관련 사고를 통해 개별 소비자
들의 손실뿐만 아니라, 금융 및 부동산 관련 기업의 자체적인 손실과 부실화
로 인한 대규모 파산 및 실직이 발생하였으며, 결과적으로 국가 및 세계경제
에 부정적 파급효과를 미치는 것을 경험하였다.

금융산업과 관련하여 가장 많이 알려진 사고는 1995년에 베어링사에서 발생한 사건이다. 당시 베어링사는 사회사 직원 1명이 불법적으로 파생상품거래를 한 결과 대규모 손실이 발생하여 파산하였다. 파산 당시 베어링사는 세계 각국에 50여 개의 자회사와 지점망을 가지고 있는 200년의 역사를 가진 종합금융회사였기 때문에 금융시장에 큰 파장을 가져왔다. 베어링사가 직원 개인의 부정을 은행이 사전에 감지하지 못해서 발생한 사고였다면 2001년 발생한 엔론(Enron)사 회계부정 사건은 기업의 수뇌부들이 조직적으로 부정을 저질러서 발생한 사건이다. 엔론은 세계적인 에너지기업으로 파산당시 종업원이 22,000명에 이르고 회계부정이 적발되기 직전까지도 미국에서 가장 혁신적인 기업에 선정되는 등 사회적인 영향력이 매우 큰 기업이었다. 하지만 엔론은 무분별한 기업인수와 정보통신망 분야의 진출실패로 인한 실적 악화를 감추기 위해서 미국 역사상 최대 규모의 기업회계부정 사건을 일으키면서 미국경제에 큰 타격을 주고 많은 임직원이 법적 처벌을 받았다. 결과적으로 엔론과 회계감사를 맡았던 아더앤더슨은 해체되고 미국의 회계감사기준이 대폭 강화되는 계기가 되었다.

우리나라에서 발생하여 최근까지 문제가 되고 있는 KIKO 사태의 경우에는 금융상품에 대한 명확한 정보를 고객에게 제대로 전달하지 못한 불완전판매의 형태로 나타났다. KIKO는 투기적 환헤지형 파생상품으로 환율변동에 따른 리스크가 매우 큰 상품임에도 불구하고 리스크 관리에 미흡한 중소기업들에게 은행 등에서 무분별하게 상품가입을 권유한 것이 문제의 발단이 되었다. 결국 환율 급변에 따른 대응 미비로 인해 국내 상당수의 기업들이 피해를 볼 수밖에 없게 되었다. 이로 인한 피해 추정액은 2010년 3월을 기준으로 3조 1천억원에 달하는 것으로 추정되고 있다.

영국의 베어링사 불법거래 사건은 베어링은행이 자회사인 베어링증권 해외자회사인 베어링선물의 싱가포르 지점 종업원이었던 닉 리슨이 파생금융상품을 불법거래하여 1995년 2월에 파산한 사건이다. 닉 리슨은 가상계좌를 통한 불법적인 투기거래로 싱가포르 증권시장인 일본 니케이 증권에 투자하여 8.6억파운드의 손실을 초래하였고 이로 인해 영국의 자존심이라는 베어링사는 파산하였고 외국회사인 ING에 단돈 1달러에 매각되었다.

닉 리슨이 이러한 대규모 거래를 할 수 있었던 것은 1993년 싱가포르지점 수익의 20%를 혼자서 벌어들이는 등 최고경영진의 신임을 받았기 때문에 엄격한 내부통제 없이 1995년 일본 닛케이주가지수 선물에 투기성 거래를 할 수 있었기 때문이다. 이 사례는 회사의 적절한 내부통제와 직원의 윤리의식 부재가 심각한 결과를 초래할 수 있다는 교훈을 남겼으며 이후 금융기관의 내부통제시스템과 직원에 대한 윤리교육에 많은 영향을 미치게 되었다.

부동산금융분야에서는 2007년 미국 서브 프라임 모기지 사태로 2008년 리먼 브라더스가 파산하면서 많은 투자은행의 연쇄부도로 이어졌고 세계경제에 큰 충격을 안겨주었다. 서브프라임 모기지 사태는 부동산 시장의 급격한 붕괴가 금융부문뿐만 아니라 실물부문으로 전염되어 위기가 확산된 사례로 평가된다. 우리나라에서는 2011년 저축은행에서 부동산PF대출 관련 내부통제 소홀이 거래의 금융부실로 이어지는 금융사고가 발생했다. 당시 부동산시장이 냉각되는 상황에서 제1금융권에서 부동산개발사업에 대한 대출에 미온적인 태도를 보이자 저축은행 등에서 고수익, 고위험 성격의 부동산PF대출에 많은 자금을 투입하였고 미분양이 증가하면서 시행사뿐만 아니라 시공사까지 부실해져 대출자금의 회수가 어려워지게 되었다. 결과적으로 저축은행 등의 경영도 어려워지고 정부에서 부실이 심한 저축은행을 시장에서 퇴출시키는 과정에서 사회적으로 큰 혼란을 야기하였다. 저축은행의 PF대출 부실사례는 당장의 이익을 위해서 시장의 변화에 따른 위험을 무시하고 대출을 확대했다는 점에서 서브프라임 모기지 사태와 유사성을 가지고 있다.

03
부동산금융 분야의 윤리의식 강화 제도

부동산금융분야에서 윤리의식에 대한 중요성이 높아지면서 제도적인 기반도 마련되고 있다. 2009년에는 부동산집합투자기구(부동산펀드)에 대한 규정이 포함된 「자본시장 및 금융투자업에 관한 법률」이 제정되면서 금융윤리에 대한 내용이 포함되었고, 2015년에는 금융위원회를 중심으로 금융권 윤리헌장과 업종별 표준윤리강령을 제정하고 발표하였으며, 윤리모범사례에 대한 포상을 시작하였다.

1) 자본시장 및 금융투자업에 관한 법률의 윤리

2009년 2월 시행된 「자본시장 및 금융투자업에 관한 법률」(이하, 「자본시장법」)은 투자자 보호와 금융 산업의 유지·발전을 위하여 필요한 자본시장의 공정성·신뢰성 및 효율성을 확보하기 위하여 제정되었다. 「자본시장법」에서 규정하는 금융윤리는 ① 고객에 대한 의무, ② 자본시장에 대한 의무, ③ 소속 회사에 대한 의무 등으로 구성되며, 이중 가장 핵심적인 의무는 '고객에 대한 의무'이다. 고객에 대한 의무 중 가장 강조되는 의무는 '신인의무(信認義務, fiduciary duty)'로 이는 자신에게 신뢰를 부여한 위임자에 대해서 진실로 충실하고, 직업적 전문가로서 충분한 주의를 가지고 업무를 처리해야 한다는 것을 의미한다. 이렇게 고객에 대한 의무가 중요한 이유는 금융투자상품의 매매에 있어서 금융투자업자와 일반투자자 사이에는 정보의 비대칭으로 인한 교섭력의 차이가 분명히 존재하기 때문이다.[10]특히, 선진 금융기술의 도입과 금융기법의 융합화로 인해 일반 금융소비자(투자자)의 금융투자업자에 대한 의존이 더욱 심화된다. 따라서 투자자이 이익을 보호히기 위해시는 모든 금융투사상품의 매매에 있어서 금융투자업자의 설명의무를 강조하는 것이 당연한 상황이며, 특히 일반 투자자의 경우 그 중요성이 더욱 크다.

■■ [표 2-1] 「자본시장법」상 공통적 규제사항 주요내용

구 분	내 용
투자매매 투자중개	• 자기계약 금지 • 선행매매(front running)금지 • 조사분석자료 공표 전 증권매매 금지 • 일임 · 임의매매 제한
집합투자업 투자자문 신탁업	• 신임의무(선관주의, 충실의무) • 사전배분계획에 의한 공정배분원칙 • 자기집합투자증권 취득 제한 • 이해관계인과의 거래제한 • 선행매매 금지 • 관계인수이 인수증권 취득 제한 • 자기 · 이해관계인 발행 증권에 투자하는 행위

자료: 한국금융투자협회, 금융투자교육원, 「공통직무윤리」

「자본시장법」은 금융투자업자에 대한 영업행위규제를 6개의 금융투자업에 공통적으로 적용되는 공통규제와 금융투자업종별 고유특성을 반영한 업종별 규제로 이원화하여 실행하고 있다. 6개의 공통규제는 모든 금융투자회사에 적용되며 신의성실의무, 설명의무, 손실보전금지, 고객숙지의무, 불초청권유 등이 있다. 이외에도 업종별 영업행위규제는 6개의 금융투자업의 고유한 특성

---

10 김병연, 「자본시장과 금융투자업에 관한 법률상 부동산금융 관련규제」, 한국비교사법학회, 2009, p.273.

을 반영하여 각기 특성에 맞는 별도의 규율을 마련하였다. 금융투자협회는 임직원의 업무를 수행함에 있어 지켜야 할 직무윤리와 관련하여 협회에서 작성한 「금융투자회사의 표준윤리준칙」표준(안)을 제공하고 있다. 우리나라의 경우 과거 부동산과 금융은 별개의 영역으로 존재해 왔기 때문에 자본시장에서 강조하는 윤리내용 이외에 부동산 산업만이 가진 고유한 특성을 반영한 영업행위 규제가 필요하다.

참고 「금융투자회사의 표준윤리준칙」 주요내용 ─────────

(목적) 이 준칙은 금융투자회사(이하 "회사"라 한다)의 윤리경영 실천 및 임직원의 올바른 윤리의식 함양을 통해 금융인으로서의 책임과 의무를 성실히 수행하고, 투자자를 보호하여 자본시장의 건전한 발전 및 국가경제 발전에 기여함을 목적으로 한다.

(고객우선) 회사와 임직원은 항상 고객의 입장에서 생각하고 고객에게 보다 나은 금융서비스를 제공하기 위해 노력하여야 한다.

(법규준수) 회사와 임직원은 업무를 수행함에 있어 관련 법령 및 제 규정을 이해하고 준수하여야 한다.

(신의성실) 회사와 임직원은 정직과 신뢰를 가장 중요한 가치관으로 삼고 신의성실의 원칙에 입각하여 맡은 업무를 충실히 수행하여야 한다.

(시장질서 존중) 회사와 임직원은 공정하고 자유로운 시장경제 질서를 존중하고, 이를 유지하기 위하여 노력하여야 한다.

(정보보호) 회사와 임직원은 업무수행 과정에서 알게 된 회사의 업무정보와 고객정보를 안전하게 보호하고 관리하여야 한다.

(주주가치 극대화) 회사와 임직원은 합리적인 의사결정과 투명한 경영활동을 통하여 주주와 기타 이해관계자의 가치를 극대화하기 위하여 최선을 다하여야 한다.

(경영진의 책임) 회사의 경영진은 직원을 대상으로 윤리교육을 실시하는 등 올바른 윤리문화 정착을 위하여 노력하여야 한다.

(위반행위의 보고) 임직원은 업무와 관련하여 법규 또는 윤리강령의 위반 사실을 발견하거나 그 가능성을 인지한 경우, 회사가 정하는 절차에 따라 즉시 보고하여야 한다.

---

2) 금융권 윤리헌장 및 업종별 표준윤리강령 제정

  금융분야의 윤리경영에 대한 관심이 높아지면서 각 업종별로 윤리준칙이 마련되거나 각 금융기관별로 윤리교육의 실행 및 내부통제기준 강화 등의 조치가 마련되고 있었지만 통합적인 윤리기준에 대한 필요성이 높아지면서 2015년에 금융권 윤리헌장 및 업종별 표준윤리강령이 제정되었다. 이는 국민들이 금융회사를 믿고 거래하기 위해서는 제도적 기반뿐만 아니라 금융권 종사자의 투철한 준법의식이 중요하고, 금융개혁에 따른 규제 완화로 금융회사의 자율성이 확대됨에 따라, 금융회사의 내부통제 강화와 함께 윤리의식 제고를 통해 국민의 신뢰를 회복하는 것이 필요했기 때문이다. 금융권 윤리의식강화에 대한 인식을 공유하기 위해서 금융위원회를 중심으로 6개 협회와 중앙회는 2015년에 공동으로 T/F를 구성하여 '금융권 윤리헌장'을 마련하고, 이를 토대로 금융업권별로 행동지침을 구체화하여 '표준윤리강령'을 제정하였다. 참여기관은 은행연합회, 금융투자협회, 생명보험협회, 손해보험협회, 저축은행중앙회, 여신금융협회로 우리나라의 전반적인 금융산업의 주체들을 포함하고 있다.

  공동 TF의 주요성과로는 먼저 금융권 윤리헌장을 만들어 모든 금융회사와 임직원이 공유하고 스스로 지켜나가야 할 10대 기본가치를 선정하였다. 10대 기본가치는 ① 고객우선 ② 법규준수 ③ 신의성실 ④ 시장질서 존중 ⑤ 경영진의 책임 ⑥ 정보보호 ⑦ 자기혁신 ⑧ 상호존중 ⑨ 주주가치 극대화 ⑩ 사회적 책임으로 선정되었다. 두 번째 성과로는 업권별 표준윤리강령을 마련한 것이다. 앞서 개발된 금융권 윤리헌장을 토대로 은행·금융투자·보험·저축 은행·여전사별 특성을 반영하여 임직원 복무자세, 법규준수, 공정한 업무수행, 고객 자산 및 정보보호, 임직원간 상호존중 등의 행동지침을 구체화하여 업권별 표준윤리강령을 마련하였다. 마지막으로 윤리헌장과 강령이 선언적인 발표에 그치지 않게 하기 위해서 금융회사의 윤리경영 및 소속 임직원의 윤리실천 우수사례를 발굴하여 업계에 전파하기 위해 모범사례집을 발간하기로 하였다.

이러한 금융권의 노력으로 그동안 업종별로 분산되어 있던 윤리지침을 통합하고 업종별 특성을 적용한 구체적인 윤리강령을 개발하여 향후 금융회사들이 내부윤리강령 등을 마련할 때 기준을 제시했다는 점에서 의미가 있다. 금융권 전반에 윤리의 중요성을 전파하여 기관별 윤리교육의 확대 및 윤리의식 제고에 기여할 것으로 기대된다.

참고 금융권 윤리헌장 ────────────────────────────────

하나, 회사와 임직원은 항상 고객의 입장에서 생각하고 고객에게 보다 나은 금융 서비스를 제공하기 위해 노력하여야 한다. (고객우선)

둘, 회사와 임직원은 업무를 수행함에 있어 관련 법령 및 제 규정을 이해하고 준수하여야 한다. (법규준수)

셋, 회사와 임직원은 정직과 신뢰를 가장 중요한 가치관으로 삼고 신의성실의 원칙에 입각하여 맡은 업무를 충실히 수행하여야 한다. (신의성실)

넷, 회사와 임직원은 공정하고 자유로운 시장경제 질서를 존중하고, 이를 유지하기 위하여 노력하여야 한다. (시장질서 존중)

다섯, 회사의 경영진은 직원을 대상으로 윤리교육을 실시하는 등 올바른 윤리문화 정착을 위하여 노력하여야 한다. (경영진의 책임)

여섯, 회사와 임직원은 업무수행 과정에서 알게 된 회사의 업무정보와 고객정보를 안전하게 보호하고 관리하여야 한다. (정보보호)

일곱, 회사와 임직원은 경영환경 변화에 유연하게 적응하기 위하여 창의적 사고를 바탕으로 끊임없이 자기혁신에 힘써야 한다. (자기혁신)

여덟, 회사는 임직원 개개인의 자율과 창의를 존중하고 삶의 질 향상을 위하여 노력하여야 하며, 임직원은 서로를 존중하고 원활한 의사소통과 적극적인 협조 자세를 견지하여야 한다. (상호존중)

아홉, 회사와 임직원은 합리적인 의사결정과 투명한 경영활동을 통하여 주주와 기타 이해관계자의 가치를 극대화하기 위하여 최선을 다하여야 한다. (주주 가치 극대화)

열, 회사와 임직원 모두 시민사회의 일원임을 인식하고, 사회적 책임과 역할을 다하여야 한다. (사회적 책임)

───

학습내용정리 Summary

01 윤리란 사람이 지켜야 할 올바른 행위와 규범체계로 사회구성원들의 사회적 행동에 대한 옳고 그름을 판단하게 하는 최소한의 도덕적 기준이 된다. 부동산금융분야는 부동산시장과 자본시장이 가진 고유한 특징으로 각각의 산업이 가진 윤리기준보다 높은 수준의 윤리가 요구된다.

02 부동산금융의 발달이 부동산 시장의 안정화, 효율성 확보, 규모의 성장에 크게 기여한 반면, 급격한 경기 변동 시에는 다양한 리스크 요인으로 작용할 수 있으므로 부동산금융의 순기능을 잘 작동하기 위해서는 금융시스템의 발전과 함께 일반적인 수준보다 더 높은 수준의 윤리가 요구되어야 한다.

03 부동산금융분야에서 윤리의식 강화를 위해서 자본시장 및 금융투자업에 관한 법률에서는 영업규제행위를 규정하고 있으며, 금융투자협회는 금융투자회사의 표준윤리준칙을 제공하고 있다. 금융권 자체적으로는 금융권 윤리헌장과 업종별 표준윤리강령을 제정하였다.

04 부동산 담보대출의 유동화 등을 통해서 시장규모가 확대되면서 대출기관들은 단기간 내 수익을 극대화하기 위해서 약탈적 대출을 실행하고 수요자들은 시세차익의 실현을 위해서 상환능력을 고려하지 않은 무분별한 대출을 받는 모럴해저드 현상이 발생할 가능성이 높아졌다.

05 윤리의식의 부재에 따른 금융사고의 사례로는 영국 베어링사의 파생상품투자에 따른 파산, 미국 엔론사의 회계부정사건, 우리나라의 KIKO사태, 미국의 서브프라임 모지기 사태 등이 있으며 이러한 사례는 부동산금융분야의 윤리의식제고에 시사점을 제공하고 있다.

01 부동산금융시장의 성장에서 윤리의 역할과 중요성을 설명하시오.

02 부동산의 특성과 금융산업의 특성에 따른 윤리의 중요성을 기반으로 부동산금융 분야에서 윤리가 강조되는 이유를 제시하시오.

03 자본시장 및 금융투자업에 관한 법률에서는 투자에 따른 윤리의식 함양을 위해서 어떠한 제도를 두고 있는지 설명하시오.

04 한국의 금융권에서는 자체적으로 윤리의식의 강화를 위해서 어떠한 노력을 하고 있는지 제시하시오.

05 영국 베어링사와 미국 엔론사 등의 사례가 부동산금융의 윤리의식제고에 어떠한 시사점을 제공할 수 있는지 설명하시오.

부동산 수요자 금융과 윤리

01

수요자 금융과 금융윤리

    부동산분야에서 수요자 금융은 주택과 상가, 오피스 등 부동산을 구매하려는 수요자가 부족한 자금을 조달하거나 레버리지효과와 절세효과 등을 활용하기 위해서 금융기관 등을 통해서 차입을 하는 경우 발생한다. 부동산의 수요자 금융에서는 부동산을 담보로 제공할 수 있다는 점에서 일반적인 신용대출과 차이가 발생한다. 제공되는 부동산의 담보로서의 가치가 높을수록 금융기관에서는 대출에 대한 위험이 낮아지므로 대출이 쉽게 이루어질 수 있다. 부동산담보대출은 대출의 대상이 되는 물건의 종류에 따라서 주택을 담보로 제공하는 주거용 부동산대출과 상가 등을 담보로 제공하는 비주거용 부동산대출로 구분된다. 이 두 가지 담보대출의 가장 큰 차이점은 상환능력의 원천에 있다. 비주거용 부동산대출의 경우 상가나 오피스를 활용하여 획득하는 사업의 수입을 통해서 대출을 상환하게 되나 주거용 부동산대출의 경우에는 담보물에서 자체적인 수입의 확보가 불가능하므로 차입자의 소득이 상환의 원천이 된다. 따라서 각 대출유형의 대출심사기준에도 차이가 발생하고 대출가능여부 및 금리산정절차도 다르다. 예를 들어 상업용 대출의 대출심사기준으로는 부채감당률(DCR: Debt Coverage Ratio)을 적용하지만 주택담보대출의 경우에는 총부채상환비율(DTI: Debt To Income)이 적용된다.

    금융시장의 구조적 측면에서는 기초자산을 담보로 하여 대출을 실행하는 1차 시장과 1차 시장에서 설정된 저당권 등을 통해 유동화증권을 발행하는 2차 시장으로 구분할 수 있다. 1차 시장에서 수요자에게 직접적으로 대출을 실행하는 금융기관의 경우 보유한 대출채권을 직접 보유할 수도 있으나 계속해서 대출을 실행할 수 있는 유동성의 확보를 위해서 대출채권을 직접 증권화하거나 유동화회사에 매각할 경우 2차 시장이 형성되게 된다. 2차 시장에서는 부동산저당채권을 다양한 방법으로 증권화할 수 있어 부동산금융시장이 확대되는 계기가 되었고 그만큼 위험이 증가하였다.

수요자대출은 금융기관에서 합리적인 대출심사를 거쳐서 적정수준의 대출이 이루어질 경우 부동산시장에 자금을 지원하고 레버리지를 활용할 수 있는 기회를 제공하는 등 긍정적인 효과를 제공한다. 그러나 부동산시장 상승기에 과도한 대출이 실행되고 이후 가격이 하락하면서 차입자의 대규모 채무불이행 발생 등으로 인해 금융시스템이 붕괴되어 대형 사회문제가 된 사례도 있다. 일본 부동산시장의 거품 붕괴와 미국의 서브프라임 모기지 사태가 대표적인 사례이다. 이 과정에서 금융기관에서는 높은 이자와 수수료를 획득하기 위하여 무분별한 대출을 실행하였고 차입자들은 시장에 대한 막연한 기대감만으로 자신들의 상환능력을 크게 초과하는 자금을 조달하여 약탈적 대출과 모럴해저드 등 윤리적인 문제가 근본적인 원인으로 제기되었다. 물론 부동산시장의 미래는 불확실하기 때문에 과거의 의사결정을 현재의 결과만을 가지고 윤리적인 이슈로 연결하는 데는 한계가 있다. 하지만 일본과 미국에서 발생한 사태는 단순히 개인과 특정 금융기관에 피해를 미치는 데 그치지 않고 국가 전체는 물론 세계경제에도 상당한 악영향을 미쳤고 그 과정에서 합리적인 의사결정으로 인정하기는 어려운 문제점들이 많이 발생되어 윤리적 측면에서도 살펴볼 필요가 있다.

한국의 경우 외환위기 이전에는 금융기관의 주택 등 부동산구입에 대한 대출이 제도적으로 쉽지 않았으므로 수요자 금융으로 인한 문제가 발생하지 않았다. 하지만 외환위기 이후 주택시장이 회복되고 가계에 대한 대출규제가 완화되면서 주택담보대출이 폭발적으로 증가하였고 이로 인한 가계부채의 안정성에 대한 관리가 필요해졌다. 이 과정에서 하우스푸어의 증가와 단기·변동금리 중심의 대출구조가 위험요소로 제시되었으나 아직까지는 큰 문제로 나타나지는 않았다. 최근에는 대출규제와 전세가격 상승으로 인한 갭투자의 증가와 이로 인한 역전세난 등의 문제가 주택시장의 위험요인으로 제시되고 있다. 수요자 금융은 부동산을 담보로 하므로 상대적으로 안정적인 대출이시만 대출규모가 크고 부동산시장이 불안정하므로 위험 요인이 상존해 있는 것도 사실이다. 특히 부동산시장이 급격하게 상승하는 경우 레버리지로 인한 수익도 커지므로 금융기관 종사자와 대출이용자의 자기통제능력과 윤리의식이 결여될 경우 시장이 하락세로 전환되면 대규모 부실로 이어질 수 있다. 이러한 문제를 해결하기 위해서 정부는 부동산금융에 대한 엄격한 가이드라인을 제시하고 있고 금융기관 자체적으로도 내부통제기능을 확대하고 있다.

02
수요자 금융의 위험관리구조

1) 대출한도와 위험관리

　앞서 살펴본 바와 같이 부동산 담보대출의 유동화 등을 통해서 시장 규모가 확대되고 위험도 높아졌다. 이러한 시장구조에서 대출기관들은 단기간 내 수익을 극대화하기 위해서 약탈적 대출상품을 통해서 과도한 대출을 실행할 가능성이 높아진다. 수요자들 또한 주택가격이 상승하는 시장에서 자신의 상환능력을 고려하지 않고 단기간 내에 시세차익을 실현하기 위해서 무분별하게 대출을 받는 모럴해저드 현상이 나타날 수 있다. 이런 경우 주택가격이 하락하고 차입자의 상환이 불가능해지면 금융시장뿐만 아니라 경제 전반에 큰 문제가 나타날 수 있다. 특히 2008년에 발생한 서브프라임 모기지 사태는 대출 실행시점에서 부동산 관련 대출의 건전성 관리가 매우 중요하다는 것을 일깨워 주었다. 하지만 대출의 건전성 관리를 시장에 자율에 맡길 경우 이해당사자들의 비윤리적 행위를 효과적으로 통제하기 어렵다는 것을 그동안의 경험을 통해서 확인할 수 있다.

　이에 따라 부동산 담보대출을 실행하기에 앞서 이후 발생가능한 위험을 통제하기 위해서 엄격한 심사기준을 적용하여 대출가능여부뿐만 아니라 대출한도금액과 금리 등을 관리하는 제도가 개발되어 적용되고 있다. 이때 대출심사기준은 정부에서 결정하기도 하고 금융기관이 자체적으로 적용하는 경우도 있다. 우리나라의 경우에는 금융당국에서 가이드라인을 제시하면 금융기관에서 자율적으로 적용하도록 되어있으나 대부분의 은행이 가이드라인을 따르므로 사실상 강제적인 제도에 가깝다. 일반적으로 대출에 따른 위험을 통제하기 위해서는 LTV와 DTI, DCR 등의 지표와 차입자의 신용도 등이 사용된다. 대출 대상의 특성상 주거용 부동산의 경우 담보가치를 기준으로 한 LTV와 함께 차입자의 소득을 기준으로 하는 DTI가 적용되고 수익형 부동산의 경우 LTV와 부동산의 수익창출능력을 기준으로 하는 DCR이 적용된다. 최근 우리나라의 경우 기존의 DTI에 비해서 대출금의 상환액을 더욱 엄격하게 적용하는 DSR을 개발하여 적용하고 있다.

(1) LTV(Loan-to-Value Ratio: 대출비율)

LTV란 부동산가치에 대한 대출액의 비율로 부동산의 담보인정비율을 의미한다. 담보물의 가격은 전문적인 감정평가사의 평가나 유사부동산의 거래사례 등이 활용된다. LTV는 원칙적으로는 금융기관에서 대출안정성을 확보하기 위해서 적용한다. 예를 들어서 부동산가격이 10억 원이고 대출기준이 되는 LTV비율이 60%라면 대출은 6억 원까지만 실행이 가능하고 이후 부동산시장이 침체하더라도 하락하는 가치가 4억 원을 넘지만 않는다면 은행은 경매시장 등을 통해서 대출금을 회수할 수 있다. 하지만 주택시장의 상승기에는 금융기관은 수익성이 높은 부동산담보대출에 대한 기준을 완화하여 적용하고자 하는 동기가 발생하게 되고 높은 LTV의 대출이 실행된 사례가 나타나고 있다. 이 경우 LTV의 부동산가격하락에 대한 완충효과가 낮아지므로 대출에 대한 위험이 증가하게 된다. 일본의 거품붕괴와 미국의 서브프라임 모기지사태 전개과정에서 LTV가 80%를 넘는 대출이 다수 실행되었고 이러한 대출이 금융기관의 부실로까지 이어지는 원인이 되었다.

우리나라에서는 대출의 건전성 보다는 주택시장안정을 위해서 LTV가 적용되어 왔으며 다른 국가들에 비해서 상대적으로 엄격하게 적용되어 50% 수준에서 관리가 되고 있다. 이러한 관리수준은 금융기관의 자율성을 침해한다는 비판도 있지만 주택가격의 급격한 하락이 금융기관의 파산으로 전이되는 것을 막아 서브프라임 모기지사태로 인한 글로벌 금융위기를 큰 어려움 없이 넘어갈 수 있었다는 점에서 긍정적 효과도 있었다.

$$LTV(Loan-to-Value) \quad = \frac{대출액}{부동산의\ 담보가치}$$

(2) DCR(Debt Coverage Ratio: 부채감당률)

DCR은 부동산을 통한 순영업수익에 대한 연간 대출상환액의 비율로 상업용, 수익용 부동산의 수입을 근거로 대출가능금액을 산정하는 데 사용한다. DCR은 순영업수익이 부채서비스액의 몇 배가 되는가를 나타내는 비율로 부채감당률이 1보다 작다는 것은 부동산을 통해서 산출된 순이익으로 대출에 대한 원리금 등을 상환할 수 없다는 것을 의미하며 이 경우 장기적으로 사업을 운영하기 어려워진다. 일반적으로 금융기관에서는 1.3~1.5 이상의 DCR을 요구하는 경우가 많다.

$$DCR \quad = \frac{순영업수익}{대출상환액}$$

(3) DTI(Debt-to-Income)와 DSR(Debt Service Ratio)

DTI는 총부채상환비율로 차입자의 소득대비 대출에 따른 원리금 상환액의 비율을 통해 차입자의 부채 상환능력을 나타낸다. 대출 심사에서 DTI를 적용하는 이유는 차입자의 상환능력을 고려하여 대출을 실행하여 부실을 방지하기 위해서이다. 차입자의 소득에는 근로소득 외에도 기타수입, 임대료수입,

이자 및 배당수입 등이 포함되며 대출상환액은 당해 대출금의 원금·이자가 포함된다.

$$DTI = \frac{\text{당해 대출의 매월 원리금상환액 + 기타 부재 상환액}}{\text{월소득}}$$

DTI는 차입자가 자신의 소득으로 매 기간별 대출의 원리금을 제대로 상환할 수 있는지 판단하는 척도가 되며 정부나 금융기관 등이 설정한 기준 이하까지만 대출이 가능하다. 일반적으로 DTI는 LTV와 함께 주거용 부동산의 대출가능금액을 산정하는 데 적용된다. 따라서 DTI는 주택시장 상승기에 차입자의 무분별한 대출을 제어하는 역할을 하여 모럴해저드를 방지할 수 있다. 주택가격이 상승하는 시장에서 DTI 기준이 없는 경우 단기 시세차익을 위해서 자신의 소득기준을 크게 넘어서는 과도한 대출을 받고자 하는 차입자가 증가할 수 있으며 이 경우 주택시장이 안정화되거나 침체될 경우 채무불이행으로 이어질 수 있기 때문이다.

우리나라에서는 가계부채의 관리를 위해서 차입자에 대한 정확한 상환능력 심사를 위해 기존 DTI의 산정방식을 개선한 新DTI와 DSR을 개발하여 적용하고 있다. 먼저 新DTI의 경우에는 매기 상환액 산정 시 차주가 보유한 부채를 포괄적으로 반영하기 위해서 주택담보대출을 2건 이상 보유한 경우에 모든 대출에 대해서 원리금상환액을 적용하도록 하였다. 新DTI가 도입되기 전에는 신규 주택담보대출의 경우에만 원리금상환액을 적용하고 기존 주택담보대출에 대해서는 이자상환액만을 적용하여 상대적으로 대출가능금액이 높아지는 경향이 나타났다. 이와 함께 복수주택담보대출의 경우에는 실제 만기와 관계없이 두 번째 대출부터 만기를 15년으로 제한하고 소득산정 시 최근 2년간의 소득기록을 확인하는 등 보다 정확한 상환능력 심사를 위해서 엄격한 기준을 적용한다.

新DTI가 기존 DTI 적용지역에서 DTI산정을 개선하는 방안이라면 DSR은 향후 금융권에 대한 여신관리지표로 단계적으로 정착시키기 위해서 개발되었다. DSR은 총체적 상환능력 비율이라고 하며 가장 큰 특징은 차주의 상환능력대비 원리금 상환부담을 정확히 산정하기 위해서 대출의 종류, 상환방식 등의 특징을 고려하여 원리금상환금액을 산출한다는 점이다. 이에 따라서 주택담보대출에만 원리금상환액을 적용한 DTI방식과 달리 DSR은 대부분의 대출에 대해서 원리금 균등상환액을 적용하여 대출가능금액을 산정한다. 구체적인 원리금상환금액 산출방식은 다음과 같다.

■ [표 3-1] DSR 원리금 상환금액 산출방식

분류	종류	상환형태	원금	이자
주택 담보 대출	개별 주담대 및 잔금대출	전액 분할 상환	분할상환 개시 이후 실제상환액	실 제 부 담 액
		일부 분할 상환	분할상환 개시 이후 실제상환액 +만기상환액 / (대출기간-거치기간)	
		원금 일시 상환	대출총액 / 대출기간(최대 10년)	
	중도금 · 이주비	상환방식 무관	대출총액 / 25년	
주택 담보 대출 이외 기타 대출	전세자금대출	상환방식 무관	불포함	
	전세보증금 담보대출	상환방식 무관	대출총액 / 4년	
	신용대출 및 비주택 담보대출	상환방식 무관	대출총액 / 10년	
	기타대출	상환방식 무관	향후 1년간 실제 상환액	
	예 · 적금담보대출 유가증권담보대출	상환방식 무관	대출총액 / 8년	

자료: 금융위원회, DSR관리지표 도입방안 및 RTI제도 운영개선방안, 2018. 10.

이렇게 정부에서 새로운 기준을 개발하여 주택담보대출에 대한 엄격한 대출관리를 하는 이유는 외환위기 이후 우리나라의 가계대출이 크게 증가하고 있고 서브프라임 모기지 사태로 인한 교훈 때문이다. 여기에 정부의 주택시장 안정을 위한 정책이 결합되면서 주택가격이 상승하여 단기적으로 투기가 우려되는 지역에 대해 엄격한 대출기준을 적용하여 과도한 대출을 받는 것을 방지하고 있다. 주택가격 상승기에 시세차익만을 노리고 무리하게 대출을 이용할 경우 주택가격이 하락하게 되면 상환에 어려움이 있어 주택을 매각하고자 해도 큰 손실을 감수해야 하는 문제가 발생하기 때문이다. 물론 이러한 위험을 감수하는 것을 개인의 선택에 맡기고 결과에 대한 책임도 지도록 해야 한다는 의견도 있다. 하지만 주택시장의 상승기에 개인의 합리적인 판단과 윤리적인 행동을 기대하기 어렵고 그 결과의 파급효과도 매우 커서 적극적인 관리에 들어간 것으로 보인다.

■ [표 3-2] 신DTI와 DSR

구분	신DTI(Debt to Income)	DSR(Debt Service Ratio)
명칭	총부채 상환비율	총체적 상환능력비율
산정방식	$\dfrac{\text{(모든 주담대 원리금 산환액 + 기타대출 이자상환액)}}{\text{연간소득}}$	$\dfrac{\text{모든 대출 원리금 상환액}}{\text{연간소득}}$
활용방식	대출심사 시 규제비율로 활용	금융회사 여신관리 과정에서 다양한 활용방안 마련예정

자료: 관계기관합동, 가계부채 종합대책 보도자료, 2017. 10. 24.

2) 대출조건과 위험관리

(1) 대출금리의 선택과 위험관리

차입자가 주택 등 부동산을 통해서 대출을 받을 경우 일반적으로 고정금리대출(FRM: Fixed Rate Mortgage)과 변동금리대출(ARM: Adjustable Rate Mortgage) 중에서 선택을 하게 되며 경우에 따라서는 대출 초기 고정금리로 대출금을 상환한 후에 일정기간이 지나면 변동금리로 전환되는 하이브리드형 대출을 이용하기도 한다. 각각의 특성에 따라서 대출자와 차입자에게 전가되는 위험에 차이가 있으므로 대출을 받는 시점부터 신중한 판단이 필요하다.

고정금리대출은 대출기간 동안 금리가 변동되지 않는 저당대출을 의미한다. 고정금리대출에서 차입자는 시중금리가 오르더라도 추가 금리인상 없이 대출시점에서의 금리로 만기까지 계속 유지할 수 있다. 고정금리대출은 대출자(은행)가 금리변동위험을 대출기간 동안 부담하기 때문에 대출금리가 변동금리대출보다 다소 높게 결정된다. 시장이자율 변동에 따른 고정금리대출의 효과를 살펴보면 먼저 시장이자율이 상승할 경우 고정이자율에서 대출자는 수익손실의 위험이 있고, 차입자는 신규대출에 비하여 이자비용이 작아지므로 상대적으로 유리하다. 또한 인플레이션이 발생하면 실질이자율이 하락하는 위험이 있으므로 대출자 입장에서는 불리하고 시장이자율이 약정이자율보다 높아지면 대출기관의 수익성이 악화된다. 반면에 시장이자율이 하락하는 경우에는 고정이자율 하에서는 차입자는 신규대출에 비하여 기존의 높은 이자율을 부담하므로 불리하게 되고, 이 경우 차입자는 다른 은행에서 신규대출을 하여 기존 대출을 조기에 상환하려 할 것이다. 즉 시장이자율이 약정이자율보다 낮아지면 고정금리대출 차입자는 조기상환할 유인이 생긴다. 따라서 시장이자율이 하락하면 대출자 입장에서는 조기상환의 위험이 있으므로 안정적인 수익을 해칠 수 있다. 이러한 위험을 방지하기 위해서 금융기관에서는 조기상환수수료나 위약금 등을 대출계약 내용에 포함하는 경우가 많다.

변동금리대출은 시중금리가 변동할 경우 대출상품의 이자율도 특정 금리에 연동하여 변하는 대출이다. 앞서 살펴본 바와 같이 고정금리대출의 경우 대출자는 이자율변동위험과 인플레이션에 대한 위험을 감수해야 한다. 이러한 위험을 피하기 위해서 차입자에게 금리변동위험을 전가시키는 구조를 도출한 것이 변동금리대출이다. 금리변동위험을 차입자가 부담하게 되므로 차입자는 고정금리보다 상대적으로 낮은 금리로 대출을 받을 수 있다. 결과적으로 차입자의 선택은 대출초기에 낮은 금리를 적용받기 위해서 변동금리대출을 받을 것인가 장기적인 금리변동 등의 위험을 피하기 위해서 고정금리로 대출을 받을 것인지에 대한 것이다.

참고 코픽스(COFIX: Cost of Funds Index) 금리

과거에는 변동금리대출의 기준으로 CD금리 등이 사용되었으나, 금융기관의 조달비용을 충분히 반영하지 못한다는 의견이 제시되면서 최근에는 코픽스 금리가 주로 사용되고 있다. 코픽스 금리는 은행들의 자금조달 관련 정보를 기초로 산출되는 자금조달비용지수로, '신규취급액기준 COFIX', '잔액기준 COFIX', '단기 COFIX'로 구분 공시된다. 신규취급액 기준은 매월 신규취급액의 가중평균금리를 기준으로 산정하며, 잔액기준은 매월 말 잔액의 가중평균금리를 기준으로 산정한다. 마지막으로 단기 COFIX는 주간 신규취급액의 가중평균금리를 기준으로 산정한다.

시장의 상황에 따라 달라지겠지만 주택담보대출이 일반적으로 장기대출인 점을 고려할 때는 고정금리가 차입자에게 더 적합하다는 평가가 많다. 하지만 대출기관에서는 차입자의 초기부담이 낮아 대출을 활성화하는 데 용이하고 대출초기 정부의 가이드라인을 통과하는 데도 유리한 변동금리 대출상품을 적극적으로 홍보하여 차입자가 선택하도록 유도한다. 이러한 대출조건의 선택은 표면상으로는 금융기관과 차입자의 자율적인 합의의 결과로 보이지만 상대적으로 정보가 많지 않은 차입자가 불리한 위치에 놓일 가능성이 있고 이 과정에서 모럴해저드 현상이 나타날 수 있다. 우리나라에서는 2010년대 초까지 전

체 주택담보대출 중 변동금리대출의 비중이 비정상적으로 높아 차입자가 상당한 위험부담을 감수해야 하는 구조를 가지고 있었다. 이에 따라서 정부에서는 대출안정성 관리를 위해서 고정금리대출의 비중을 높이기 위한 노력을 계속하고 있다.

(2) 대출금 상환방식과 위험관리

대출금 상환방식은 대출받은 금액의 원금과 이자를 상환하는 구조를 의미한다. 일반적으로 이자부 상환(IOL: Interest Only Loan)과 원금균등분할상환 대출(CAM: Constant Amortization Mortgage), 원리금균등분할상환 대출(CPM: Constant Payment Mortgage), 점증 분할상환 대출(GPM: Graduated Payment Mortgage) 등으로 구분된다. 대출금 상환방식에 따라서 매기 상환금액과 차입자가 져야 하는 위험의 수준이 달라지므로 신중한 선택이 필요하다.

이자부상환이 경우에는 대출기간 동안은 원금을 상환하지 않고 이자만 상환을 하며 대출금을 중도상환하거나 대출기간 말에 원금을 한 번에 상환하는 대출방식이다. 이 방식은 대출기간 동안에는 원금을 상환하지 않으므로 대출초기에는 차입자의 부담이 가장 작다는 점이 특징이다. 하지만 원금을 전혀 상환하지 않으므로 대출만기나 중도에 대출금을 상환할 경우 차입자의 부담이 크고 채무불이행 시 금융기관의 손실도 가장 크다는 문제점이 있다. 금융기관에서는 대출을 활성화하기 위해서 대출초기 일정기간 동안 이자만 상환하다가 이후 원금을 함께 상환하는 방법을 사용하는 경우도 있다.

원금균등분할상환 대출은 대출기간 동안 원금을 균등하게 상환하고 여기에 이자를 더하여 상환하는 대출이다. 대출초기에 기간을 감안하여 균등하게 나눈 원금과 전체에 대한 이자가 납부되므로 불입액이 가장 많다. 원금상환액은 매기 동일하지만 시간이 지남에 따라 대출원금은 줄어들기 때문에 그에 따른 이자상환액이 감소하여 원리금상환액은 매기 감소한다. 따라서 대출 초기에 상환부담이 가장 크므로 채무불이행이 많다는 단점이 있다.

원리금균등분할상환 대출은 대출 전체 기간 동안 원금과 이자를 합한 금액이 일정하게 되도록 불입액구조를 만들어 납부토록 하는 대출이다. 이 방식은 초기에 납부하는 불입액은 원금보다 이자가 월등히 많이 구성되고, 기간이 경과하면서 대출잔액이 천천히 줄어들고 이지부분이 감소하며 원금부분이 점차 많아지게 된다. 원리금균등분할 상환은 일정한 금액을 초기부터 마지막까지 계속 불입하는 구조이기 때문에 일정한 소득을 지닌 차입자가 예산 계획을 세워 납부하는 데 용이하므로 선호되며 대출자 입장에서도 초기 채무불이행이 적어 선호하는 방식이다. 매년 상환액은 최초 대출금액에서 대출상수를 곱하여 산정하며, 이 금액은 매년 동일하다. 이 중에서 매기 기초 대출잔액에 이자율을 곱한 금액인 이자금액을 차감하면 원금상환액을 산정할 수 있다.

점증분할상환대출은 대출초기에는 납부하는 불입액이 적다가 시간이 지남에 따라 점차 증가하는 대출이다. 대출초기 상환액이 지불해야 하는 이자금액에도 미치지 못할 경우 대출잔액을 증가시킨다. 대출초기에는 차입자의 소득이나 담보물의 임대수입 역시 낮을 것이지만 나중에는 차입자의 소득이나 담보물의 임대료는 상승하여 수입이 올라갈 것이기에 점차 납부액이 늘어나면 이를 갚기가 훨씬 용이하기 때문이다. 점증분할상환은 초기 납부부담을 줄여줌으로써 대출의 심사기능인 DCR(또는 DTI)규정을 통과토록 함으로써 대출이 가능할 수 있도록 하며 소득이 증가할 것으로 예상되는 사회초년생, 신혼부부, 미래 소득의 증가율이 높은 차입자에게 유리한 방식이다.

점증상환방식은 특별한 경우에만 적용되는 방식이며 우리나라에서는 적용 사례가 많지 않아 차입자는 이자부상환과 원금균등상환, 원리금균등상환 방식 중에서 상환방식을 선택하게 된다. 다음 그림을 통해서 세 가지 방식의 차이점을 살펴보면 대출초기 상환액의 부담은 원금균등 분할상환방식이 가장 크고 이자부상환방식이 가장 낮은 것을 알 수 있다. 대출기간이 일정기간 경과하면 반대 현상이 나타나고 원리금균등분할상환은 매기 상환액이 동일하다. 따라서 차입자의 소득변화방향에 따라서 적절한 상환방법을 선택할 필요가 있다. 대

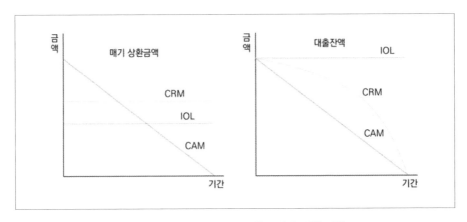

〈그림 3-1〉 상환방식별 상환금액과 대출잔액

출잔고의 경우에는 이자부 상환의 경우 초기 대출액이 그대로 전체 대출기간 동안 잔고가 되고 원리금균등상환방식은 원금균등상환방식에 비해서 항상 대출잔고가 많은 것을 확인할 수 있다. 이자상환액은 대출잔액에 연동되므로 전체 대출기간 중 납입해야 하는 이자는 이자부대출이 가장 많고 원금균등상환이 가장 낮다.

따라서 차입자는 자신의 상황에 적합한 상환방식을 선택해야 하고 대출자는 이에 대한 충분한 정보를 제공해야 한다. 특히 대출기간이 장기인 주택담보대출의 경우에는 안정적인 상환가능성에 초점을 두어서 대출을 실행해야 한다. 하지만 미국의 서브프라임 모기지 사태나 한국에서 발생한 하우스푸어 문제의 과정을 살펴보면 리스크에 대한 적절한 평가없이 무분별하게 대출이 실행된 것을 확인할 수 있다. 금융기관은 충분한 소득이 뒷받침되지 않는 차입자에 대해서 대출초기 이자부상환 등을 통해 상환부담을 축소시켜 대출을 유도하고 이 과정에서 높은 수수료를 부과하는 등 약탈적 대출을 실행하였고 차입자의 경우에도 향후 발생할 수 있는 위험을 고려하지 않고 대출을 받는 모럴해저드 행태가 나타났다. 따라서 각국의 금융감독기관에서는 대출의 건전성 관리를 위한 제도를 개발하고 지속적으로 개선하고 있다. 이와 함께 대출기관과 차입자에 대해서 금융관련 윤리를 갖출 수 있도록 다양한 노력을 기울이고 있다.

3) 우리나라의 대출 건전성관리

우리나라는 외환위기 이후 가계부채가 급격하게 상승하였으며 2008년 금융위기 이후 건전성 관리의 필요성이 본격적으로 제기되었다. 특히 가계부채 중 큰 비중을 차지하는 주택담보대출에 대해서는 대출상환방식과 금리적용에 대한 관리가 시작되었다. [표 3-3]에 나타난 바와 같이 2010년 우리나라 주택담보대출의 대부분은 변동금리 대출에 이자부 상환 또는 거치식 분할상환으로 시장환경의 변화에 취약한 구조였다. 또한 주택가격 상승기에 과도하게 대출을 받은 가구들의 하우스푸어 문제로 2013년에는 정부의 대책이 발표되기도 하였다. 이에 따라 정부에서는 금융권에 비거치식분할상환과 고정금리대출에 대한 목표치를 제시하는 등 주택담보대출의 구조를 개선하기 위해 노력하

[표 3-3] 은행주택담보대출 건전성 추이

항목	비거치식 분할상환	고정금리	평균DTI	평균LTV
2010년	6.4%	0.5%	37.5%	47.7%
2011년	7.7%	3.1%	39.2%	47.8%
2012년	13.9%	14.2%	39.3%	49.3%
2013년	18.7%	15.9%	35.4%	51.0%
2014년	26.5%	23.6%	36.5%	52.4%
2015년	38.9%	35.7%	36.2%	53.5%
2016년	45.1%	43.0%	34.6%	53.5%
2017년	49.8%	44.5%	29.1%	53.4%
2018년	51.6%	45.0%	–	–

자료: 한국경제신문, 은행주택대출 분할상환 비중 50% 돌파, 2019. 3. 3 기사.

였으며 그 결과 2018년 말에는 비거치식 분할 상환대출의 규모가 51.6%까지 증가하고 2010년에는 거의 실행되지 않은 고정금리 대출의 비중도 45% 수준까지 상승하였다. LTV와 DTI 대출규제의 경우에는 가계부채건전성과 함께 주택시장안정을 위해서 수도권 등 일부지역에서 실행되었으며 이로 인해 DTI는 29.1%로 낮아지고 LTV는 소폭 상승했지만 50%대 초반을 유지하고 있다.

이러한 정부차원의 노력은 대출실행 단계에서 건전성을 확보하는 역할과 함께 시장에 금융 이용에 대한 윤리의식을 전파하는 역할도 수행한 것으로 평가할 수 있다. 정부의 가이드라인으로 인해 기존의 대출관행이 상당히 위험한 구조라는 점이 알려졌으며 특히 소비자인 차입자에게는 대출관리의 중요성을 인식시켰기 때문이다. 다만 대출에 대한 관리가 엄격해지면서 전세를 활용한 갭 투자가 증가하는 등 다른 형태의 문제가 발생하고 있으므로 지속적인 모니터링과 적절한 금융이용에 대한 홍보는 지속되어야 할 것으로 판단된다.

03

주요 부동산금융사고
사례의 윤리적 접근

1) 서브프라임 모기지 사태와 윤리

(1) 서브프라임 모기지 사태의 개요

앞서 살펴본 바와 같이 주택담보대출은 자체적으로도 규모가 크고 유동화 시장까지 개발되면서 금융시장과 경제 전반에 미치는 영향이 매우 크다. 따라서 기초자산이 되는 담보대출의 건전성 관리가 매우 중요하다. 2008년에 발생한 서브프라임 모기지 사태의 경우 주택담보대출의 시작단계부터 유동화단계 전반에 걸쳐서 관리부실과 모럴해저드 성격의 행태가 나타나 전 세계경제를 위기에 빠트린 사례로 평가할 수 있다. 서브프라임 모기지는 신용도가 낮은 저소득층을 대상으로 한 대출상품으로 대출기관에서는 일반적인 모기지에 비해서 많은 이자를 받을 수 있지만 차입자의 소득이나 신용도가 낮은 만큼 위험도 큰 상품이다. 따라서 2000년대 초까지는 모기지 시장에서 비중이 높지 않았다. 하지만 금융시장에서 저금리기조가 계속되고 유동화시장의 확대로 유동성이 지속적으로 공급되면서 서브프라임 모기지의 비중이 높아지고 이를 유동화한 증권이 지속적으로 발행되었다.

이 과정에서 저금리 기조하에서도 높은 수익을 추구하는 헤지펀드가 유동화증권을 매수하여 다시 서브프라임 모기지 시장에 유동성을 공급하면서 시장의 규모가 크게 확대되었다. 금융위기 직전인 2006년 상반기에 전체 모기지시장에서 서브프라임 모기지 규모는 10%였지만 신규로 발행된 모기지 중 서브프라임 모기지는 44%에 달하였다.[11] 당시 주택가격이 지속적으로 상승하고 있었으므로 주택에 대한 수요는 초과상태였으므로 시장을 확대하기 위해서 부적격대출을 증가시킨 결과이다. 하지만 2007년에 주택가격이 하락하면서 2007년 말 서브프라임 모기지의 연체율이 약 17%까지 상승하고 시장에서 대규모 부실사태가 발생하였다. 이러한 부실은 유동화에 관여한 금융회사와 투자자인 헤지펀드, 신용보증회사까지 전이되고 전 세계 금융시장이 혼란에 빠지게 되어 서브프라임 사태가 발생하게 되었다.

서브프라임 모기지사태는 그 전개과정이 매우 복잡하여 그 원인도 윤리적 측면과 제도적 측면 등 다양한 측면에서 파악할 수 있다. 특히 사태의 근본원인이 차입자와 대출자, 유동화기관, 투자자 등의 기회주의적 동기가 결합되어 나타났다는 점에서 윤리적 측면에서의 원인을 파악하고 문제점을 해결하기 위해서 제도적 측면 등에서 대응방안을 마련할 필요가 있을 것으로 보인다.

(2) 서브프라임모기지 실행과정과 윤리적 문제

서브프라임 모기지 사태는 1차 시장에서 부적격대출인 서브프라임 모기지의 증가에서 시작되었으므로 모기지의 실행과정에서 어떠한 문제가 있었는지 살펴볼 필요가 있다. 먼저 서브프라임 모기지는 대출상한액과, DTI 및 LTV 요건충족, 공적기관 등으로부터의 보증 등 프라임모기지의 조건을 갖추지 못한 대출을 의미한다. 따라서 서브프라임 모기지는 FICO(Fair Isaac Corporation) 기준 소비자 신용점수가 620점 미만으로 낮고, 보증보험을 받지 않았거나 DTI 55%, LTV 85%를 초과하는 비적격(non-conforming) 모기지를 의미한다. 프라임 모기지에 비해서 신용도가 낮으므로 일반적으로 높은 금리가 부과되며, 조

---

11 강종만, 서브프라임 모기지 부실사태의 교훈 및 향후 과제, 한국금융연구원, 2008, p. 4

기상환 수수료를 비롯하여 대출과정에서 소요되는 기타비용이 과도하게 요구되어 약탈적 대출의 특성도 가지고 있다. 또한 고정금리가 대부분인 프라임 대출과 달리 서브프라임 모기지는 대출초기에는 고객을 유인하고 초기 상환금리를 낮추기 위해서 변동금리를 채택하거나 LTV를 편법적으로 확대하여 사실상 100%수준까지 인정하는 등 위험이 높은 대출을 실행하였다. 당시 풍부하게 공급되는 유동성을 해소하기 위해서 대출의 확대가 필요했기 때문이다. 일례로 2006년 기준으로 30년 만기 Hybrid(혼합형) ARM(Adjustable Rate Mortgage)은 서브프라임 모기지의 80%를 차지하는 대표 상품이었다.[12]

이렇게 고위험 구조의 서브프라임 모기지가 과도하게 실행된 데는 모기지시장의 참여자들에게 이익이 되었기 때문이다. 하지만 이 과정에서 차입자는 시세차익을 노리고 자신의 상환능력을 넘어서는 과도한 대출을 받고 대출중개인은 수수료를 받기 위해서 적절하지 않은 대출을 안내했으며 대출기관은 유동화를 통해서 위험을 회피할 수 있다고 판단하고 추가적인 수익창출을 위해서 부실가능성이 높은 대출을 시장에 내보냈다. 이러한 행태는 각 개인과 금융기관의 입장에서는 위험을 감수하고 높은 수익을 추구하는 의사결정행위이지만 금융시장 전반에 미치는 영향을 고려한다면 비윤리적인 면을 찾을 수 있다. 각 이해관계자의 이익추구행위와 그 부적절성을 살펴보면 다음과 같다.[13]

먼저 차입자의 무분별한 자금 수요가 서브프라임모기지 사태의 주요 원인이 되었다. 미국의 주택시장이 활황이던 기간 중 소비자들은 향후 주택가격 상승이 계속되리라는 낙관론이 팽배하였다. 따라서 주택시장에서 수요가 증가하고 이 중에는 소득과 자산이 뒷받침되지 않는 잠재수요도 있었다. 잠재수요가 유효수요가 되기 위해서는 소득과 자산이 증가해야 하지만 대출기관에서 상대적으로 금리가 낮은 변동금리에 대출초기에는 이자만 납부가 가능한 인센

---

12 이종권, 「미국 서브프라임 모기지 부실위기의 원인과 파급경로」, 『한국사회과학연구회 동향과 전망』, 2008, p. 176.

13 양기진, 「미국 서브프라임 위기에서 본 금융소호자보호법에 대한 시사점」, 『증권법연구』 제9집 제1호, 2008, pp. 270-274.

티브를 제공하고 주택가격의 80%가 넘는 대출을 제공하여 주택구입이 가능한 시장상황이 되었다. 이때 차입자는 자신의 소득과 향후 주택가격이 하락할 경우도 고려하여 합리적인 수준의 대출을 받아야 하지만 대부분 자신의 상환능력을 고려하지 않고 최초 인센티브 기간 이후에는 감당하기 어려운 모기지 대출을 앞다투어 받았다. 이 과정에서 자신의 소득을 부풀리거나 증빙서류를 위조하는 사례도 나타났다. 당시 대출을 소득과 직업, 자산을 무시한 NINJA(No Income, No Job, No Asset)대출이라고 하는 것도 이러한 상황이 현장에서 팽배했다는 점을 보여준다. 결과적으로 대출을 실행할 때에는 정확한 자료에 근거하여 상환능력을 고려해야 한다는 금융윤리가 지켜지지 않은 것이다. 당시 차입자들은 주택가격이 상승하고 있으므로 인센티브기간이 종료되어 원리금 상환이 어렵더라도 주택을 매각하면 이자지급액을 넘어서는 추가적인 차익을 실현할 수 있다고 판단하였다. 하지만 주택시장은 수급에 따라 언제든지 상황이 변화할 수 있으며 결과적으로 2007년 이후 주택가격이 하락하면서 차입자의 부실이 확대되고 서브프라임 모기지사태의 원인이 되었다.

대출중개인의 경우에는 차입자와 대출기관을 연결시켜주는 역할을 하며 이 과정에서 수수료를 받게 된다. 따라서 대출중개인은 차입자의 소득과 상환능력을 고려하여 적절한 수준의 대출을 주선하고 금융기관에는 정확한 정보를 제공할 책임이 있다. 하지만 대출기관이 더 많은 대출을 실행하려고 경쟁을 하는 당시의 시장구조하에서 대출에 대한 위험을 직접 부담하지 않는 모기지 중개인은 자신에게 더 많은 수수료를 받을 수 있는 대출을 실행하여 수익을 확보하는 방향으로 활동을 하였고 서브프라임 모기지 사태가 발생하는 원인이 되었다. 특히 당시 대부기관이 서브프라임 대출과 관련하여 중개인에게 지급한 수수료 방식은 주로 차입자의 신용도에 상응하는 도매기준금리(wholesale par rate)와 대출이자율의 차이에 기반한 YSP(yield spread premium)이 적용되어 대출중개인은 차입자의 상환능력보다 자신이 더 높은 대출이자율을 받을 수 있는 대출을 중개하였다. 결과적으로 차입자들은 높은 이자율로 많은 금액을 대출받게 되고 부실이 확대되는 원인이 되었다.

대출기관은 실제적으로 위험도가 높은 차입자에 대해서 대출을 실행했다는 측면에서 가장 책임이 크다고 할 수 있다. 대출기관은 차입자의 신용도와 소득, 담보가치 등을 통해서 대출여부와 대출금액, 금리를 결정해야 하며 대출 이후에도 부실화되지 않도록 관리할 책임이 있다. 따라서 상환능력이 낮은 서브프라임 계층에 대한 대출을 실행을 하지 않거나 대출을 하더라도 전체 모기지대출 중에서 일정 수준까지를 한도로 해야만 주택시장의 변화에 대비할 수 있다. 하지만 2000년대 초부터 저금리기조가 계속되고 대출기관 간에 모기지대출경쟁이 심화되면서 서브프라임 계층에 대한 대출을 과도하게 확대한 것이 이후 발생하는 위기의 발단이 되었다. 대출기관은 신용도가 취약한 계층에 대해서 높은 이자율과 수수료를 부과하였으며 조기상환 시 높은 수수료를 내도록 계약하였다. 서브프라임 모기지에 대한 리스크보다는 수익창출에 중점을 두어서 운영을 한 것이다. 이렇게 위험이 높은 대출을 실행한 데는 크게 두 가지 이유가 있다. 먼저 당시 시장에서 주택가격이 계속 상승할 것이라는 낙관적 기대가 팽배했기 때문이다. 대출시점보다 주택가격이 크게 상승했다면 차입자가 주택을 매각해서 담보대출을 상환할 수 있고 채무불이행이 발생해도 경매시장에서 채권을 회수하는 데 어려움이 없다고 판단한 것이다. 두 번째로는 서브프라임 모기지를 유동화시장에서 매각할 수 있기 때문에 위험을 분산시킬 수 있었다. 특히 2000년대 이전에는 서브프라임 모기지를 부적격대출로 간주하여 투자자를 찾기가 어려웠고 유동화를 할 경우에도 대출기관이 후순위채나 자기자본으로 인수를 해야 하는 위험이 있었지만 이후 헤지펀드 등에서 서브프라임 모지기를 유동화한 상품을 인수하면서 대출기관은 서브프라임 모기지 대출과정에서 위험부담을 축소할 수 있었다.

또한 차입자에게는 각종 수수료를 제외한 명목이자율을 제시하여 표면상으로는 낮은 이자율로 대출을 하는 것처럼 광고를 하고 상환방식도 초기에는 고정금리로 이자만 상환하고 이후 변동금리에 원리금 균등상환을 하도록 하여 대출을 유도하였다. 철저하게 관리를 해야 할 서브프라임 모기지를 은행에서 무분별하게 확대하고 재생산한 것이다. 이 과정에서 대출을 희망하나 신용도와 소득기준이 낮은 서브프라임 계층의 차입자는 은행과의 정상적인 협상 없이 제시된 조건을 받아들일 수밖에 없었다. 이러한 전반적인 상황을 고려할 때 당시 대출기관의 행태는 약탈적 대출수준으로 비판받을 수 있다. 하지만 당시에 약탈적 대출에 대한 규제가 미흡하여 실효성이 없었던 점도 대출기관의 비윤리적 행위를 묵인하는 결과를 낳았다.

참고 서브프라임 모기지와 약탈적 대출규제 ────────────────

서브프라임 모기지는 약탈적 대출의 성격을 가지고 있지만 실제적으로 거의 규제를 받지 않아 사태의 심각성을 키웠다. 당시 약탈적 대출규제를 위한 법은 연방차원의 법률인 HOEPA (Homeownership & Equity Protection Act, 1994)가 대표적이었다. 주요 내용은 조기상환수수료, 만기 5년 미만인 대출에 대한 일괄상환, 미납이자 원금가산 등을 금지하고, 대출 중도해지, 원리금 미상환 시 주택차압, 대출조건 등은 서면으로 차입자에게 고지토록 의무화하는 한편, 동 법률위반 시 대출기관뿐만 아니라 대출채권인수자도 책임을 부담하고 대출실행 후 3년 내 법위반 시 대출취소도 가능하도록 했다.

하지만 HOEPA는 고비용 대출에만 적용되어 국채금리보다 1차 모지기 대출의 경우 8%p, 2차 모기지 대출은 10%p 이상 높거나 대출수수료가 비정상적으로 높은 대출에만 적용되었다. 따라서 당시 저금리 기조하에서 대출기관은 충분히 이러한 규정을 회피할 수 있었고 결과적으로 서브프라임 모기지가 증가하는 원인이 되었다.

자료: 이종권, 「미국 서브프라임 모기지 부실위기의 원인과 파급경로」, 『한국사회과학연구회
　　　동향과 전망』, 2008, p. 185.

──

(3) 유동화 과정에서 나타난 윤리적 문제

　　서브프라임 계층에 대한 대출이 부실한 관리하에 이루어졌더라도 2차 시장에서 문제점을 인식하고 유동화가 대규모로 이루어지지 않았다면 전 세계적인 금융위기까지 확대되지 않았을 것이다. 대출기관과 유동화기관, 헤지펀드, 신용평가 등 2차 시장 전반의 참여기관들의 탐욕적 행동이 1차 시장에서 서브

프라임 모지기가 계속 실행될 수 있도록 유동성을 지원하면서 금융산업 내에서의 모니터링 시스템은 작동하지 않았다. 주택담보대출에 유동성을 부여하기 위한 증권화는 먼저 대출기관에서 담보대출에 대한 채권을 유동화회사에 매각하고 나음으로 매각된 채권을 풀(pool)로 구성하여 이를 담보로 한 MBS(Mortgage-Backed-Securities)를 발행하여 투자자에게 판매하는 순서로 이루어진다. 이 과정에서 대출기관은 주택담보대출에 내재된 유동성위험과 금리위험, 조기상환위험을 투자자에게 이전할 수 있다. 이렇게 이전된 위험은 증권화 과정을 거쳐서 다수의 투자자에게 분산되기 때문에 MBS시장이 활성화될 수 있었다.

이러한 2차 시장의 구조는 기초자산이 모기지의 건전성이 유지된다는 전제 하에서 가능한 것이다. 따라서 증권화의 대상은 주로 FHA와 VA 등의 보증을 받거나 보증이 없더라도 차입자의 소득이나 담보가치 등을 고려하여 적격성이 유지되는 모기지만 가능했었다. 이렇게 안정적인 기초자산은 공신력이 있는 GNMA와 FHLMC 등에서 주로 유동화를 실행했다. 이후 MBS시장에서 기초자산의 Pool을 통해서 신용등급과 만기 등이 다른 증권을 발행하는 다계층 증권인 CMOs를 개발하면서 민간에서 발행한 다양한 MBS가 발행될 수 있었다. 하지만 이 경우에도 MBS를 구입하는 투자자들이 기초자산 Pool에 대해서 일정수준의 적격성을 요구했기 때문에 서브프라임 모기지의 유동화는 제한적으로 이루어졌다.

하지만 2001년 이후 저금리를 바탕으로 주택가격이 크게 상승하고 대출수요가 증가하면서 서브프라임 모기지의 유동화가 크게 증가하였다. 저금리로 수익률이 악화된 대출기관과 투자자들이 위험은 높지만 고수익을 제공해 줄 수 있는 투자대상으로 서브프라임 모기지를 선택했기 때문이다. 유동화 시장에서는 이를 뒷받침하기 위해 서브프라임 모기지의 위험을 감추기 위한 새로운 기법의 상품이 출시되었다. 이로 인해 1995년에 28% 수준이었던 서브프라임 모기지의 유동화는 2008년에는 60%에 근접하게 되었으며 2차 시장에서 유동성이 계속 공급되면서 1995년에 신규대출액 기준으로 650억 달러였던 서브

프라임 모기지는 2006년에는 6,130억 달러로 급증하였다.[14]

■■ [표 3-4] 미국 모기지의 유형별 증권화 추이

연도	FHA/VA보증부	프라임	서브프라임
1995	101.1%	45.6%	28.4%
1996	98.1%	52.5%	39.5%
1997	100.7%	45.9%	53.0%
1998	102.3%	62.2%	55.1%
1999	88.1%	67.0%	37.4%
2000	89.5%	55.6%	40.5%
2001	102.5%	71.5%	54.7%
2002	92.6%	72.8%	57.6%
2003	94.9%	75.9%	58.7%

자료: Inside MBS & ABS(Chomsisengpher & Penning-Cross, 2006; 이종권, 2008 재인용)

앞서 살펴본 바와 같이 FHA와 VA의 보증부채권과 프라임 모기지의 경우 상대적으로 안전한 자산으로 인식되어 유동화 시 투자자를 확보하기가 어렵지 않았다. 하지만 서브프라임 모기지의 경우 유동화과정에서 신용보강 및 평가가 매우 중요하기 때문에 증권화가 쉽지 않았다. 이러한 서브프라임 모기지의 유동화를 가능하게 한데는 CDOs(Collateralized Debt Obligations)의 개발이 큰 역할을 했다. CDOs는 자산유동화상품인 ABS와 MBS 등을 매입하여 이를 기초로 다시 증권화하여 시장에 출시하는 상품이다.

모기지를 기초자산으로 한 MBS에서 주요 사용되는 CMOs구조는 신용등급이 높은 80~90%의 선순위계층과 투자적격성이 낮은 메자닌계층과 후순위계층으로 구분된다. 이때 메자닌계층의 증권이나 후순위자산은 투자자를 확보

---

14 이종권, 「미국 서브프라임 모기지 부실위기의 원인과 파급경로」, 『한국사회과학연구회 동향과 전망』, 2008, p. 181.

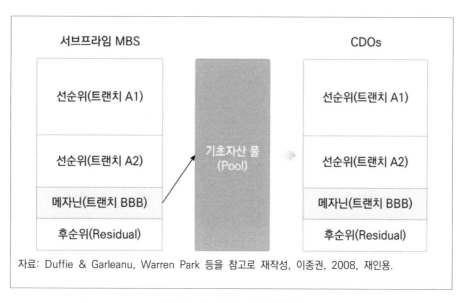

〈그림 3-2〉 CDOs의 기본구조

하기가 어려우므로 대출기관이 인수해야 하는 것이 일반적이다. 특히 기초자산이 서브프라임 모기지인 경우에는 메자닌과 후순위계층의 위험도가 매우 높아 대출기관이 위험을 감수하기도 쉽지 않은 수준이다. 하지만 CDOs가 개발되면서 서브프라임 MBS의 메자닌 계층을 인수하여 재증권화를 하였다. 이에 따라 대출기관의 서브프라임 모기지의 유동화에 따른 위험이 크게 감소하여 적절한 심사없이 대출을 실행하였다. CDOs 또한 다계층채권으로 발행이 되었는데 높은 수익을 원하는 헤지펀드와 투자은행, 보험회사 등이 CDOs에 투자했으며 CDOs의 신용위험만을 분리하여 거래하는 파생상품인 CDS(Credit Default Swap)시장에서 위험을 해지할 수 있게 되어 시장은 더욱 확대되었다. 결과적으로 서브프라임 모기지 증권화, 재증권화 과정은 당시에는 대출기관과 유동화기관, 투자자 모두에게 이익을 가져다주는 새로운 금융환경으로 인식되었다.[15]

하지만 기초자산인 서브프라인 모기지의 위험은 대출기관의 무분별한 대출확대 정책으로 더욱 커지게 되었고 모기지를 인수하여 유동화기관에서는 기초자산에 대한 분석을 부실하게 한 상태에서 유동화증권을 발행하였으며 헷지펀드와 투자은행들은 이러한 위험을 인식하지 못한 채 대규모의 자금을 공급하였다. 신용평가사들은 엄격한 심사없이 높은 평가등급을 부여하여 서브프라임 모기지를 기초자산으로 한 증권이 매우 우량한 투자자산인 것처럼 포장하는 역할을 하였다. 즉 금융시장에서 각각의 책임을 모두 방기하고 단기간 내의 수익만을 추구하는 이기적인 행위를 한 것이다. 부동산금융시장에서 더 높은 수익을 위해서는 당연히 일정수준의 위험을 감수해야 한다. 하지만 서브프라임 모기지 사태에서는 위험에 대한 부담을 최소화하고 다음 단계로 넘기는 모럴해저드 현상이 지속적으로 나타났다. 결과적으로 가장 큰 피해자는 약탈적 대출을 통해서 주택을 구입한 차입자와 자신이 얼마나 위험한 자산에 투자했는지도 모르고 손실을 보아야 했던 소액투자자들로 나타났다.

2) 일본의 부동산 거품붕괴과정과 윤리

(1) 부동산 거품붕괴의 배경 및 전개과정

일본의 부동산 거품붕괴는 경제 및 금융시장에서 버블관련 논쟁이 있을 때마다 빠지지 않고 제시되는 사례이다. 그만큼 거품의 형성과 붕괴가 충격적으로 나타났고 그 결과도 금융시장의 붕괴와 장기적인 실물경기 침체로 이어졌다. 부동산 거품붕괴 이후 일본의 경제를 잃어버린 20년을 넘어서 30년이라고 표현할 정도로 그 여파는 아직까지도 이어지고 있다. 일본의 부동산 거품의 형성과 붕괴는 국제적인 시장환경의 변화와 정부의 정책 실기, 기업 및 개인의 과도한 부동산 투자 등 다양한 요인이 결합하여 나타난 것으로 평가되고 있다. 하지만 이 과정에서 도덕적 해이에 따른 윤리적 문제도 함께 결부된 것

---

15 이종권, 「미국 서브프라임 모기지 부실위기의 원인과 파급경로」, 『한국사회과학연구회 동향과 전망』, 2008, p. 183.

[표 3-5] 거품경제 시 일본의 경제상황

구분	1985년	1986년	1987년	1988년	1989년	1990년	1991년
경제성장률	5.0%	2.6%	4.1%	6.2%	4.7%	4.8%	3.3%
경상수지흑자 (GDP대비%)	2.8%	4.3%	3.5%	2.7%	2.1%	1.4%	2.0%
주가상승률	18.9%	30.7%	41.5%	16.4%	26.0%	-13.6%	-17.5%

자료: IMF, 한국은행, 경제정책비서관실 자료(2006.6) 재인용.

도 사실이다. 따라서 일본의 거품붕괴 배경과 전개과정에서의 윤리적 문제를 살펴보고자 한다.

일본의 부동산시장에서 거품이 형성된 원인은 1985년 프라자합의에서 찾을 수 있다. 당시 일본은 미국에 대해서 많은 무역흑자를 보고 있었고 이를 해결하고자 일본에 내수확대 및 환율 조정을 요구하였다. 그 결과 엔화의 가치가 상승하면서 수출에 타격을 입게 되고 이로 인한 손실을 내수시장 확대로 만회하고자 저금리정책을 펼치면서 그동안 수출의 확대로 풍부해진 유동자금이 부동산 시장으로 집중되었다. 금융기관들도 대기업들이 자금조달과정에서 탈 은행화를 하면서 부동산관련 대출을 확대하였다.

이로 인해 1980년대 후반부터 부동산 가격이 큰 폭으로 상승하였다. 1985년부터 90년까지 일본 6대 도시(동경, 오사카, 나고야, 요코하마, 교토, 고베)의 상업용, 주거용, 공업용 토지가격의 연평균 증가율은 각각 28.4%, 18.9%, 17.9%에 이르렀다. 같은 기간 실질 GDP 증가율이 5.2% 수준인 점을 고려하면 실물경제에 비해 부동산 가격이 폭등세를 보인 셈이다.[16] 경제호황기로 평가되고 있는 1986년부터 1991년 초까지 약 4년 간은 부동산 시장뿐만 아니라 경제성장률, 경상수지, 주가지수가 모두 양호한 성과를 유지하였다. 이에 따라 일본은 경제에 대한 자신감이 높았으며 소니가 미국의 콜럼비아 영화사를 인수하

---

16 손정락, '일본 거품붕괴 사례에 비추어 본 국내 주택시장의 전망', NICE Credit Insight, 2012, p. 10.

는 상징적인 사건도 이 당시에 나타났다.

하지만 토지가격 폭등으로 서민들의 불만이 고조되고 거품경제의 위험을 우려한 일본정부에서 통화량을 축소하고 공정할인율을 인상하는 등 긴축정책을 실시하고 부동산대출에 대한 규제를 강화하면서 부동산가격이 폭락하고 경제전반의 거품이 붕괴하였다. 1990년부터 2005년 말의 6대 도시 지가하락률이 상업지는 87.2%, 주택지는 66.5%가 하락하는 폭락 수준이었으며 이러한 주택가격하락은 경제전반에 큰 타격을 미치게 되었다. 결과적으로 부동산 거품 붕괴는 내수시장의 위축과 기업도산과 금융기관의 부실화, 실업증가로 이어지고 다시 경기가 침체하는 악순환을 초래하였다.[17]

(2) 부동산 거품붕괴의 원인과 윤리

일본에서 부동산 거품 붕괴 문제가 경제전반에 심각한 영향을 야기한 이유는 당연히 과도하게 가격이 상승하는 거품이 형성되었기 때문이고 이에 대한 관리의 부실로 단기간 내에 다시 가격이 하락하는 현상이 나타났기 때문이다. 이 과정에서 정부와 중앙은행의 정책적 실기와 금융기관과 기업, 개인들의 모럴해저드 현상이 결합되면서 사태의 심각성을 키워온 것으로 나타났다. 따라서 각 경제주체별로 거품형성 및 붕괴의 원인이 된 행태와 윤리적 문제점을 제시하고자 한다.

먼저 정부는 내수를 중심으로 한 경기의 활성화를 위해서 부동산개발 중심의 정책을 펼치고 저금리와 유동성확대로 부동산가격이 과도하게 상승한 상황에서도 금융기관에 대한 관리와 감독의 미흡으로 거품이 계속적으로 형성되도록 방치한 측면이 있다. 특히 카드회사와 리스회사 등 비은행금융기관(non bank)은 정부의 관리를 거의 받지 않은 상태에서 부동산시장에 유동성을 계속 공급하는 역할을 하였다. 또한 중앙은행에 저금리정책을 유지하라는 압력을 행사하여 경기과열을 조정하는 역할을 하지 못하도록 유도하였다. 이러한 정

---

17 경제정책비서관실 서면보고자료, 일본 부동산버블 경험의 시사점, 2006, p. 2.

책은 경제에 대한 지나친 자신감과 경제성장을 지속하여 기업과 자산가들의 정부에 대한 지지를 유지하고자 하는 의도에서 나타났다. 이미 시장에서 경기 과열이 버블을 형성하고 있다는 신호가 나타나고 있었고 일반 서민층의 불만이 고조되었음에도 불구하고 1990년까지 실효성 있는 정책을 제시하지 않았다는 점은 공익을 우선시해야 하는 정부의 도덕적 해이로 볼 수 있다.

참고 일본의 부동산관련 융자 총량규제 조치(1990년 3월) ─────────

일본은 1990년 초 부동산 거품에 대한 문제가 커지면서 뒤늦게 부동산융자에 대한 총량규제라는 강력한 정책을 실행하였다. 하지만 이미 시장에 버블이 형성된 가운데 강력한 규제정책을 피면서 경제가 연착륙하는 데 실패하는 원인이 되었다. 구체적인 융자총량규제의 내용은 다음과 같다.

먼저 은행과 신용금고, 보험사 등에 대하여 부동산분야에 대한 대출 증가율이 총 대출 증가율 이하가 되도록 규제를 하였다. 이와 함께 부동산업자, 건설업자, 리스회사 등 비은행금융기관에 대한 대출상황을 금융감독당국에 보고하도록 의무화하였다. 실질적으로 은행 등에서는 신규로 부동산담보대출을 취급하기도 어렵고 만기가 도래한 기존의 대출의 연장도 쉽지 않게 되었다. 그 결과 1990년 2분기 이후 부동산담보대출 증가율이 총 대출증가율을 하회하기 시작했고, 지가도 하락세로 돌아섰다.

지가하락이 급격하게 진행되자 당초에 실시한 융자규제는 약 2년 만인 1991년 12월에 종료가 되었으나 해제 이후에도 관리감독은 지속되었다. 비은행 금융기관에 대한 대출이 투기적 부동산거래에 이용되지 않도록 자금용도를 철저히 심사하는 등 투기목적의 부동산 거래와 관련한 대출 억제를 지도하였으며, 기존 방식을 완화한 'trigger방식'에 의한 총량규제를 실시하였다. 이에 따라 2개월 이상 연속해서 부동산업에 대한 증가율이 총대출 증가율을 3%p 이상 초과한 금융기관에 대해 주의를 하고 2개월 이상 연속해서 부동산업에 대한 대출 증가율이 총대출 증가율을 5%p 이상 초과 시 시장상황을 감안하여 총량규제제도를 도입하였다.

거품의 형성과정에 대한 대응이 뒤늦게 이루어지면서 문제해결을 위해서 시장상황을 고려하지 않고 강력한 규제정책을 피면서 부동산가격이 연착륙을 하지 못하고 거품붕괴의 현상이 나타난 점도 일본 정부는 책임을 피하기 어렵다. 1990년 3월에 실시된 부동산융자 총량규제는 지속적인 가격상승으로 위기

의식이 팽배해있던 부동산시장에서 가격이 폭락하는 기폭제가 되었다. 또한 이미 거품붕괴가 진행 중인 1992년에 지가세를 도입하고 상속세를 강화하여 상항을 더욱 악화시키는 결과를 낳았다. 이러한 정부의 정책적 실기는 시장에 대한 잘못된 판단에서 기인한 측면이 있어 정책담당자의 책임의식부족이라는 윤리적인 문제점도 나타난 것으로 평가할 수 있다.

통화와 기준금리를 담당한 일본중앙은행의 경우에는 경기과열가능성을 인식하고 있음에도 버블형성기 동안에 통화량을 크게 증가시키고 저금리 기조를 유지하였다. 프라자 합의 이후 엔고현상이 지속되면서 내수경제 활성화를 위해서 정부와 기업들이 통화량 증가와 금리인하를 요구했고 일본의 내수활성화가 국제수지 균형에 도움이 될 것이라고 판단한 미국과 독일 등의 압력도 있었다. 이에 따라 일본중앙은행은 1985년 말에 5%였던 공정할인율을 1988년에는 2.5%까지 인하하였으며 본원통화도 대폭 증가시켰다. 이에 따라 시장에서 버블이 형성될 수 있는 필수요건인 지속적인 유동성공급을 중앙은행이 조장한 결과를 낳았다. 중앙은행의 가장 큰 역할은 거시경제의 안정이므로 중앙은행의 판단은 독립적으로 이루어져야 한다. 하지만 거품형성 당시 일본 중앙은행은 외부의 압력으로 통화량 확대와 금리인하를 단행했으며 이는 경제상황에 대한 인식이 안이하고 중앙은행의 책임을 방기한 것으로 평가할 수 있다.

일본의 거품붕괴 당시 금융기관은 미국의 서브프라임 모기지 사태에서 금융기관과 같이 위험에 대해 충분히 검토하지 않고 대출을 실행하였다. 거품이 정점에 달하는 시기에는 부동산 담보대출의 LTV가 120%까지 상승하는 이상현상을 낳았다. 이러한 대출은 앞으로 주택가격이 20% 이상 상승할 것이라는 확신이 없으면 불가능하므로 당시 일본의 금융기관들이 얼마나 향후 시장을 낙관적으로 보고 있었는지 알 수 있다. 또한 은행권에 대한 대출규제가 강해진 이후에는 은행들이 비은행금융 회사를 자회사로 만들어 대출을 실행하였지만 상대적으로 정부의 관리감독이 소홀하여 과도한 수준의 대출을 실행하였다.

마지막으로 대출의 수요자인 기업과 개인의 경우에는 미국의 서브프라임 모기지 사태에서 나타난 바와 같이 무분별한 부동산투자로 거품형성기에 시장에 참여하였다. 특히 기업의 경우에는 무역수지흑자로 인해 확보한 풍부한 유동자금을 연구개발 등에 투입하기보다는 금융자산과 토지를 적극적으로 매수하는 데 사용했다. 당시 일본기업들이 금융 및 부동산관련 업종에 적극적으로 진출하며 사업을 다각화하자 일부에서는 당시 일본기업을 '사업회사＋투자회사＋부동산회사'의 복합체로 규정하기도 하였다. 그러나 경제 호황이 지속될 것으로 판단한 기업들이 설비투자를 크게 늘리면서 과잉투자에 대한 우려가 높아진데다, 금융 및 부동산 투자까지 크게 늘면서 부채비율이 늘고 이자지급

■ [표 3-6] 거품경제 시 일본기업의 자금조달과 운용

연도	조달(조엔)			운용(조엔)	
	차입금	채권/주식	기타차입	금융자산	실물자산
1980	13.6	4.3	7.0	12.3	12.6
1981	16.5	6.2	1.1	21.0	11.8
1982	17.4	6.1	8.2	15.7	16.0
1983	18.1	4.8	6.1	16.0	12.9
1984	20.7	7.1	13.7	27.1	14.3
1985	25.2	7.8	3.5	23.6	12.9
1986	26.6	9.1	-6.3	17.1	12.3
1987	25.9	12.6	43.0	59.0	22.4
1988	30.0	19.4	27.1	53.4	23.1
1989	38.0	26.3	30.6	64.9	30.0
1990	39.5	15.6	31.9	39.7	47.3
'85~'90 합계	185.1	90.9	129.7	257.8	148.0

자료: 노구치 유키오, "거품경제", 손정락 (2012), p.12 재인용.

능력이 저하되는 등 일본 기업의 건전성이 점차 악화되었다.[18] [표 3-6]을 살펴보면 일본기업은 거품형성기에 채권과 주식발행액과 기타차입이 크게 늘고 이와 함께 금융자산과 실물자산이 크게 증가한 것을 확인할 수 있다. 결과적으로 일본기업들은 거품형성기에 쉽게 조달한 자금으로 금융자산과 부동산 등에 과잉투자한 것을 확인할 수 있다. 이러한 상황에서 부동산가격이 폭락하고 경기가 불황에 빠지면서 많은 기업들이 부실화되고 기업에 대출을 실행한 금융기관이 연쇄적으로 도산하는 현상이 나타나 부동산 가격 하락이 경제전반의 불황으로 이어지는 원인이 되었다.

이상의 상황을 종합하면 일본의 부동산거품붕괴는 정부의 부동산시장에 대한 안이한 대응과 정책실기, 중앙은행의 거시경제관리라는 본분을 망각한 통화량확대와 저금리기조 유지, 금융기관의 위험에 대한 적절한 심사가 없는 대출실행, 기업과 가계의 상환능력을 고려하지 않고 시장에 편승하여 과도한 대출을 활용한 적극적인 부동산 투자가 결합하여 나타난 것으로 평가할 수 있다. 이러한 결과는 경제주체들이 각자의 위치에서 가져야 할 최소한의 윤리의식이 결여되었을 때 재앙적인 결과가 나타난다는 것을 보여준다는 점에서 서브프라임 모기지 사태와 발생시기와 진행과정에서 차이는 있지만 본질적인 측면에서 유사성을 찾을 수 있다.

3) 한국의 하우스푸어 및 갭투자 문제와 윤리

(1) 개요

한국의 경우 1970년대 이후 고도성장을 하면서 주택가격이 크게 상승하고 시장과열에 대한 문제가 상존해 있어 시장에 대한 정부차원의 관리감독이 지속적으로 이루어졌다. 그 결과 일본의 거품붕괴나 미국의 서브프라임 모기지

---

18 손정락, 「일본 거품붕괴 사례에 비추어 본 국내 주택시장의 전망」, NICE Credit Insight, 2012, p. 11.

사태와 같이 경제전반에 큰 문제를 야기하는 대형사고가 발생한 경우는 없었다. 한국에서 발생한 가장 큰 경제관련 사고인 1997년 말의 외환위기는 부동산시장의 문제라기보다는 기업의 과다한 차입경영 등이 기폭제가 된 것이었다. 다만 경기불황의 결과로 부동산시장도 침체되고 가격이 하락하는 결과가 나타났으나 2000년대 들어서 다시 회복이 되고 오히려 부동산 가격이 크게 상승하였다.

외환위기 이후 은행의 주택담보대출 등 가계대출이 크게 증가하면서 정부에서는 가격상승이 높은 지역에 대해서 LTV와 DTI 등을 통해서 대출에 대한 관리를 하였으며 이러한 관리의 효과로 미국발 금융위기도 큰 문제없이 피해갈 수 있었다. 하지만 한국에서도 부동산 수요자 금융과 관련하여 몇 차례 시장에서 위기감이 조성되고 사회적 이슈가 된 사례가 있다. 본 서에서는 이 중 하우스푸어와 갭투자에 대해서 다룬다. 사실 하우스푸어와 갭투자의 경우 향후 부동산시장의 전망에 대한 개인의 의사결정 문제이므로 윤리적 문제로 바로 연결하기는 어렵다. 하지만 상환능력을 벗어난 무리한 대출과 부동산시장에 대한 합리적 판단이 없는 낙관적 전망이 시장에 큰 혼란을 가져온 사례를 우리는 앞서 살펴보았다. 또한 하우스푸어와 갭투자에 대해서 언론 등 많은 분야에서 지속적으로 문제를 제기하고 있고 정부의 정책에도 영향을 미치고 있으므로 윤리적 측면에서 살펴보고자 한다.

(2) 하우스푸어와 윤리적 문제

가) 하우스푸어의 개념과 형성과정

하우스푸어(house poor)는 무리하게 대출을 받는 의사결정을 통해서 주택을 구입하여 가난해진 사람을 의미한다.[19] 한국에서 주택의 소유는 부의 기준이었으므로 주택소유로 인해서 가난해진다는 것은 다소 모순된 용어로 인식될 수 있다. 하지만 외환위기 이후 금융권의 주택담보대출이 급증하면서 가계소

---

19 김준형, 「하우스푸어 문제의 진단과 대응방안」, 국토연구 제77권, 2013, p. 159.

득의 상당부분을 대출상환액으로 지불해야 하고 이로 인해 가처분소득이 감소하여 생활에 어려움이 있는 가계들이 니디났고 금융위기 이후에는 주택시장이 침체하여 매각도 어려워지면서 경매시장에 나오는 가구가 증가하면서 2013년에는 정부에서 대책을 발표하는 상황까지 이르렀다.

외환위기 이후 금융위기를 거치면서 하우스푸어가 형성된 배경은 다음과 같다.[20] 먼저 사회·경제적 환경과 금융환경의 변화로 인해 가계부채가 크게 증가한 것이 원인이 되었다. 외환위기 이후 금융기관의 기업에 대한 신뢰가 낮아지고 가계에 대한 대출규제가 완화되면서 은행을 중심으로 적극적으로 주택담보대출을 실행하였다. 특히 2000년대 들어 주택시장이 점차 회복되면서 담보가치가 확실하고 연체율이 낮은 주택담보대출에 대한 시중은행들의 선호도는 더욱 높아졌다. 이로 인해 은행 간 대출경쟁이 심화되면서 주택담보대출을 사전에 확보하기 위한 재건축, 재개발 주택에 대한 집단대출과 중도금 대출 등도 활성화되었다. 또한 당시 은행의 건전성 지표로 활용된 바젤1에서 일반 소매대출에 대한 위험도보다 주택담보대출의 위험도 가중치를 낮게 부여한 것도 은행의 주택담보대출이 증가하는 원인이 되었다.

수요자 측면에서도 외환위기 이후 금융위기 직전까지 주택가격이 지속적으로 상승하면서 주택수요가 폭발적으로 증가했으며 주택구매 시 당연히 주택가격은 지속적으로 상승한다는 전제하에 의사결정을 하였다. 여기에 전 세계적인 유동성 증가로 금리도 낮아져 주택구매자는 대출을 많이 활용할수록 레버리지효과가 커질 것으로 기대했다. 그 결과 주택담보대출을 중심으로 가계부채가 크게 증가하여 2011년에는 가처분소득의 160%를 상회하게 되었으며 정부에서도 적극적인 관리가 필요한 상황이라는 점을 인식하게 되었다. 이러한 시장상황 하에 주택을 구입한 수요자에 대해서 하우스푸어라는 명칭이 부여되고 관심이 높아지게 된 것은 미국발 금융위기 이후 주택시장이 침체기에 들어섰기 때문이다. 여기에 주택가격 상승기에 추진된 주택공급이 본격화되면

---

20 이종권 외, 「하우스푸어에 대한 이론적 고찰과 대책」, 토지주택연구원, 2013, p. 4.

서 예비수요자들도 관망세로 돌아서면서 거래량이 크게 감소하고 전세가격이 상승하는 현상이 나타났다. 특히 주택구입 시 일정기간 이자부 상환을 하다가 원리금상환으로 전환되는 가구의 경우 상환부담이 크게 증가하여 시장에서 주택을 매각하고자 시도해도 쉽지 않은 상황이 되면서 경매건수가 증가하는 등 하우스푸어 문제가 제기되었다.

■ [표 3-7] 수도권 경매건수 추이

구분	2008년	2009년	2010년	2011년	2012년
수도권 경매건수	21,507	32,272	35,552	40,944	51,546

자료: 국토교통부 보도자료, 서민주거안정을 위한 주택시장 정상화 종합대책, 2013. 4. 1.

나) 정부의 지원방안: 2013년 4.1대책

정부는 하우스푸어 문제로 인해 수도권의 경매 건수가 증가하고 건설투자의 부진도 심해지자 2013년에 하우스푸어에 대한 지원방안을 제시하였다. 당시 지원방안의 준비과정에서 주택가격상승을 노리고 무리하게 대출을 받은 차입자와 이를 실행하는 금융기관에 대해서 별도의 지원을 하는 것은 도덕적 해이를 조장할 수 있다는 비판도 있었으나 문제가 확대되는 것을 방지하기 위해서 선제적 대응을 한 것으로 보인다. 지원대상은 도덕적 해이를 방지하기 위해서 경제적 자활의지가 있는 가구를 선별해 지원하고 실거주목적의 구입자로 한정하였으며 금융기관도 프리워크아웃 등 채무조정확대와 부실채권매각 등으로 일정부분 책임을 분담하도록 하였다. 지원방안은 시장원리를 통해 채무를 조정하도록 하여 재정부담을 최소화하였다. 또한 맞춤형 지원을 위해서 주택보유희망자와 매각희망자, 은퇴자로 구분하여 지원방안을 제시하였다.

주택보유희망자에 대해서는 소유자의 상황에 따라서 세 가지 방안을 제시하였다. 첫 번째 방안은 금융기관과 신용회복위원회를 통한 채무조정으로 연체가 우려되거나 이미 연체가 시작된 가구가 모두 대상이 된다. 먼저 금융권 자체적으로 연체가 우려되거나 단기적인 연체상태에 있는 가구에 대해서 상환기간을 연장하거나 장기분할상환으로 대출을 전환하는 등의 조치를 취하는 방안이 있다. 장기적인 연체자에 대해서는 신용회복위원회가 담보채권자의 동의를 받아 개인워크아웃 등을 유도하는 방법을 적용하였다. 3개월 이상 연체차주에 대해서는 자산관리공사(캠코)가 자체재원으로 부실채권을 매입하는 방안을 제시하였다. 매입한 채권에 대해서는 차주에게 채무조정의사를 확인하여 원금상환유예, 장기분할상환 전환 등 채무조정을 하고 차주에게 환매조건부로 해당 담보주택의 일부지분을 매각할 수 있는 옵션도 제공하였다.

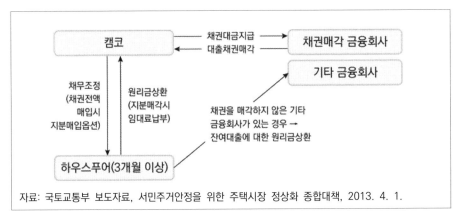

자료: 국토교통부 보도자료, 서민주거안정을 위한 주택시장 정상화 종합대책, 2013. 4. 1.

〈그림 3-3〉 캠코를 통한 연체채권 채무조정

원리금 상환이 어려운 정상차주의 경우에는 차주의 신청을 받아 주택금융공사가 은행으로부터 하우스푸어의 선순위 주택담보대출채권을 매입하고 채무를 조정하는 방안을 제시하였다. 채무조정의 내용은 변동금리를 고정금리로 전환하고 원금상환을 최장 10년간 유예하여 원리금 상환이 어려운 정상차주가 연체상태로 들어가는 것을 방지하는 것이었다. 이 경우 차주는 대출을 매입한 주택금융공사에 은행 대출금리 수준의 이자를 납입하고 10년이 종료되는 시점부터 원금을 분할상환 하도록 하였다. 또한 주택금융공사는 매입한 대출을 기초로 MBS을 발행하여 자금을 조달하도록 하였다.

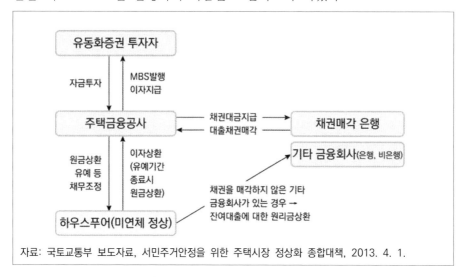

자료: 국토교통부 보도자료, 서민주거안정을 위한 주택시장 정상화 종합대책, 2013. 4. 1.

〈그림 3-4〉 주택대출채권 매각제도

　주택을 계속 보유하기를 희망하는 소유자에 대한 앞의 지원방안과 달리 주택을 매각하고자 하는 소유자에 대해서는 해당 주택을 임대주택리츠에 매각하는 방안을 제시하였다. 정책발표 당시 주택시장의 침체로 거래가 많지 않아 매각이 어려운 하우스푸어 가구가 소유한 주택을 매입하여 임대주택으로 활용하는 방안을 도입하였다. 구체적인 실행방안으로 1세대 1주택 소유자가 임대주택리츠에 소유한 아파트를 매각하고 이를 다시 5년간 주변시세로 보증부 월세 형태로 임차하도록 하였다. 5년간의 임대기간 이후에는 먼저 원소유자가 다시 매각할 수 있도록 우선권을 준 후 일반인에게 매각하도록 하였으며 일반인에게도 매각되지 않은 주택은 LH공사에서 매입하여 임대주택으로 활용하도록 하였다. 임대주택구입을 위한 자금은 국민주택기금 출자금 등으로 구성된 리츠로 조달하며 아파트를 감정평가액 이하 수준에서 역경매방식으로 구입하도록 하였다.

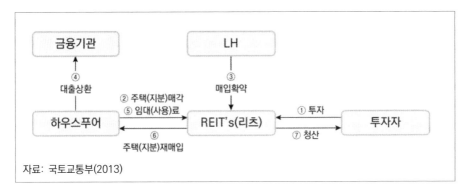

자료: 국토교통부(2013)

〈그림 3-5〉 임대주택리츠

마지막으로 50세가 넘은 은퇴자인 하우스푸어의 경우 주택연금을 사전가입할 수 있는 방안을 제시하였다. 주택연금의 원칙적인 가입연령인 60세에서 가입연령을 낮추면 연금의 일부 또는 전부를 일시금으로 받을 수 있으므로 이를 활용하여 주택관련 부채를 상환하도록 하였다. 이를 위해서 일시인출한도를 기존의 50%에서 100%까지 확대하였다.

다) 정부지원방안의 결과 및 윤리적 측면의 시사점

정책발표 당시에는 하우스푸어와 금융기관 등에 대한 모럴해저드를 방치한다는 문제점이 제기되기도 했지만 주택소유자들과 금융기관들의 저조한 참여로 정부지원방안의 실효성은 거의 없었다. 소유자들은 정부의 정책을 이용하기보다는 당상 원리금상환부담이 크더라도 주택가격 상승을 기대하면서 버티는 방안을 선택했고 금융기관들도 연체율이 심각하게 상승하지는 않는 상태에서 상대적으로 높은 수익을 창출하는 주택담보대출을 자산관리공사나 주택금융공사 등에 넘기는 것을 원하지 않았다. 이에 따라서 대부분의 지원방안이 당초 목표했던 실적에 크게 미치지 못한 상태에서 폐지되었다. 이후 주택시장이 상승세로 전환된 점을 고려하면 주택을 매각하지 않은 소유자들의 선택은 성공적인 것으로 볼 수 있으며 금융기관의 연체율도 심각한 수준까지 상승하지는 않았다. 이에 따라 하우스푸어 문제를 줄기차게 제기하던 언론의 관심도 멀어졌다.

하우스푸어의 문제가 크게 확산되지 않았다는 측면에서는 다행스러운 일이지만 언론에서 연일 심각성을 제시하면서 사회적인 혼란을 야기하였고 정부에서는 관련 정책을 수립하기 위해서 많은 사회적 비용을 지출하였다. 따라서 하우스푸어 문제를 야기한 차입자와 금융기관의 도의적 책임이 없다고 할 수 없다. 즉 정상적인 투자행위의 범위를 넘어서는 무리한 차입을 활용해 주택을 구입한 소유자와 상환능력에 대한 적절한 분석 없이 대출을 실행한 금융기관은 기본적인 금융윤리의식이 결여된 행위를 한 것으로 볼 수 있다. 다만 이를 계기로 가계부채의 관리에 대한 중요성을 사회전반에서 인식하게 되었다는 긍정적인 효과도 나타났다. 외환위기 이후 주택담보대출 등 가계부채는 크게 증가했지만 대부분이 변동금리이고 일정기간 거치기간을 두어서 대출초기에는 이자만 상환하였으므로 구조적으로 취약한 구조라는 점이 하우스푸어와 함께 해결해야만 하는 과제도 대두되었다. 이에 따라서 정부에서는 강력하게 대출구조개선을 추진하여 DTI규제가 강화되고 고정금리·원리금균등상환대출의 비중이 증가하는 결과를 낳았다.

(3) 갭투자와 윤리적 문제

가) 갭투자의 발생과 전개과정

갭투자는 주택가격과 전세보증금의 차액이 적은 주택에 자기자본투자액을 최소화하여 투자하는 투자행태를 의미한다. 물론 과거에도 전세제도를 이용하여 주택을 구입하는 경우는 많이 있었지만 2010년대 이후 이러한 투자행태가 대규모화되고 투자방법의 하나로 알려지면서 '갭투자'라는 용어가 언론 등에 나타나기 시작했다. 하지만 2018년 이후부터 갭투자는 각광받는 투자수단에서 세입자를 위협하는 도덕적 의식이 결여된 투자의 하나로 그 위험의 심각성이 제기되고 있다. 갭투자가 활성화된 이유와 이후 전개과정을 살펴보면 다음과 같다.

갭투자가 2010년대 이후 대중적인 투자방안으로 알려지게 된 데는 크게 두 가지 측면에서 원인을 찾을 수 있다. 먼저 하우스푸어로 인한 문제가 대두된 이후 정부의 가계부채관리가 엄격해지면서 부동산투자를 위해서 은행에서 대출을 받기가 점차 어려워진 것이 원인이 되었다. 특히 다주택자에 대한 대출제한으로 실수요가 아닌 투자를 목적으로 하는 수요자에 대한 대출이 어려워지고 DTI산정방식도 엄격해져서 과거에 비해서 대출한도도 축소되었다. 이러한 상황에서 투자자들은 우리나라의 독특한 제도인 '전세'를 활용한 투자에 관심을 가지게 되었다. 특히 갭투자는 금융기관이 대출과 달리 임차인에게 지급해야 하는 별도의 이자가 없어 투자수익률에서는 더욱 유리한 측면도 있었다. 갭투자가 확대된 두 번째 원인은 전세가격의 상승으로 인한 매매가대비 전세가율의 증가이다. 금융위기 이후 매매수요가 침체하면서 전세가격이 크게 상승하였으므로 그로 인해서 매매가격대비 전세가격이 크게 높아졌다. 2012년 이후 매매가대비 전세가격 상승률을 살펴보면 전국적으로는 저점인 62.8%(2012년 1월)에서 고점인 76.7%(2017년 12월)까지 약 13.9%p 상승했으며 수도권은 55%(2012년 1월)에서 77.5%(2017년 12월)로 22.5%p 상승했다. 따라서 금융기관의 대출을 활용하지 않더라도 주택가격의 25%수준의 자기자본만으로도 주택을 구입할 수 있는 시장환경이 조성되었다.

하지만 2018년 하반기부터 매매가격이 안정되고 전세가격이 하락하면서 전세가율이 크게 낮아지게 되었고 무리한 갭투자로 인한 문제가 우려되고 있다. 전세가격이 하락하면서 갭투자를 활용하여 많은 주택을 보유한 투자자들이 기존 세입자의 전세보증금을 돌려주지 못하는 역전세난이 발생할 수 있기 때문이다. 특히 주택이 경매시장으로 넘어갈 경우 투자자뿐만 아니라 세입자들의 피해도 발생하는 경우가 나타나고 있어 갭투자의 부작용에 대한 우려가 커지고 있다.

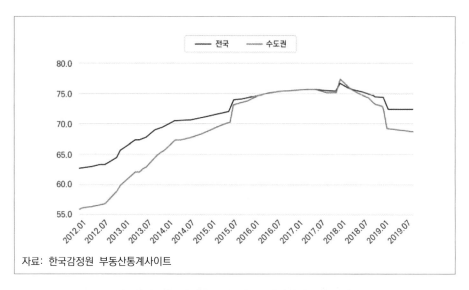

자료: 한국감정원 부동산통계사이트

〈그림 3-6〉 매매가대비 전세가율(중위가격기준)

나) 갭투자의 효과와 윤리적 측면의 문제점

전세가율의 상승은 투자자에게는 레버리지효과를 확대하는 효과가 있다. [표 3-8]에 나타난 바와 같이 전세를 활용하여 주택을 구입할 경우 전세가율이 높아질수록 자기자본의 이익률이 크게 증가하는 것을 확인할 수 있다. 즉 주택가격의 100%에 해당하는 자기자본이 있을 경우에도 전세를 활용해서 여러 채의 주택을 구입하는 것이 투자성과에는 유리하다. 따라서 갭투자는 투자자가 리스크를 감수하고 높은 수익을 위해서 실행하는 것이므로 투자방안의하나로 볼 수도 있으며 그 자체가 윤리적인 문제가 있다고 볼 수는 없다. 하지만 앞서 살펴본 대출과정에서 나타난 문제와 같이 위험에 대한 합리적인 고려가 없는 탐욕적인 투자행태와 사회적인 약자인 세입자의 피해가 우려될 수 있는 전세제도의 특성을 고려하면 윤리적 측면에서 시사점을 살펴볼 수 있다.

[표 3-8] 전세가격상승과 레버리지효과(단위: 천원)

구분	전세가율		
	40%	60%	80%
주택가격	1,000,000	1,000,000	1,000,000
전세금액	400,000	600,000	800,000
가격상승	1,100,000	1,100,000	1,100,000
자본이익	100,000	100,000	100,000
자기자본이익률	17%	25%	50%

먼저 갭투자는 주택가격이 단기간 내에 상승하는 경우 높은 수익률을 올릴 수 있다는 것을 전제로 한 투자이나 계획대로 되지 않고 가격이 하락할 경우 자기자본투자자는 반대로 매우 큰 손실을 감당해야 하는 구조이다. 예를 들어 전세가율이 80%인 시장에서 갭투자를 한 경우 주택가격이 10%만 하락하면 투자자는 원금의 절반에 해당하는 손실을 보게 된다. 따라서 레버리지활용에 대해서 신중한 분석이 필요하다. 또한 주택가격이 전세보증금 이하로 하락하는 이른바 '깡통전세'의 경우 피해를 보는 대상이 금융기관이 아닌 서민계층인 세입자임을 고려하면 사회적 파급효과는 하우스푸어보다 더 크다고 할 수 있다. [표 3-9]에서 나타난 바와 같이 특히 매매가격과 전세가격이 동시에 하락하는 경우에는 투자자는 자본손실과 함께 보증금반환부담과 파산위험까지 발생하게 되며 세입자는 보증금 손실발생 가능성이 증가하게 된다. 따라서 투자자는 갭투자 시 이러한 상황을 고려하여 적정한 수준의 투자를 해야 한다.

또한 갭투자는 전세기간에 대한 리스크가 매우 큰 투자이다. 우리나라의 임대차보호법상 전세기간은 2+2년으로 되어 있고 임대인은 임차인이 원할 경우 반드시 전세보증금을 되돌려주어야 한다. 이 시기에 전세보증금이 하락하면 투자자는 차액에 대해서 추가적으로 자금을 조달해야 하는 위험에 직면하게 된다. 따라서 갭투자는 임차인 변경시마다 대환을 해야 하는 대출의 구

매매가격	전세가격	투자자	전세세입자
상승	상승	• 자본 및 소득극대화	• 전세금부담증가
	하락	• 자본수익증가 • 전세보증금반환부담 • 매매를 통한 보증금 마련	• 보증금반환리스크
하락	상승	• 자본손실발생	• 전세금부담증가
	하락	• 자본손실발생 • 보증금 반환부담 • 파산위험	• 전세보증금 반환리스크 • 전세 보증금 손실발생가능성 증가

자료: KB금융지주 경영연구소, 2018년 부동산시장 진단 및 주요 이슈, 2018, p. 13.

조와 유사하므로 위험에 대비가 반드시 필요하다. 하지만 갭투자를 실행한 투자자들은 이러한 위험에 대한 고려보다는 금융기관에 비해서 법률적 지식이 충분하지 않고 당장 해당 주택에 거주해야 하는 입장인 세입자가 상대하기 용이하다는 점을 이용하는 경우가 많이 나타나고 있다.

언론에서 제시된 사례에서도 갭투자로 270여 채의 가구를 매입한 후 매매가격이 떨어지자 가짜 채무관계를 만들어 주택을 경매시장에 내놓고 세입자를 압박하여 주택을 매입하거나 6명이 자금을 조성하여 갭투자를 통해 121가구를 매입한 후 대출이자를 감당하지 못해 경매처분을 당한 사례 등 다양한 문제가 나타나고 있다.[21] 특히 소유자가 개인회생을 신청하는 경우에는 경매진행이 늦어지기 때문에 세입자의 피해는 더욱 커지게 된다. 물론 모든 갭투자가 처음부터 윤리의식이 결여되었다고 단정할 수 없지만 무리한 투자의 결과로 인해 비윤리적인 행위를 하도록 몰리는 상황이 되고 실제로 실행하는 투자자들이 나타나고 있으므로 제도적인 방지대책과 부동산투자에서의 윤리의식 함양이 필요하다는 시사점을 제시해주고 있다.

---

21 한국경제신문, 수백 채 갭투자자 줄파산⋯ 세입자 날벼락, 2019년 4월 10일 기사.

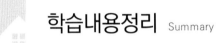

01   부동산분야에서 수요자 금융은 주택과 상가, 오피스 등 부동산을 구매하려는 수요자
      가 부족한 자금을 조달하거나 레버리지효과와 절세효과 등을 활용하기 위해서 금융
      기관 등을 통해서 차입을 하는 경우 발생한다.

02   수요자 금융의 위험관리를 위해서 LTV, DTI, DCR와 차입자의 신용평가 등을 통한
      대출심사를 강화하고 있으며, 특히 우리나라에서는 기존의 DTI를 강화한 (新)DTI와
      DSR을 도입하여 적용하고 고정금리 · 분할상환대출의 비중을 증가시키는 등 주택담
      보대출의 구조를 개선하기 위해서 노력하고 있다.

03   수요자 금융에서 과도한 투자와, 운용자들의 윤리적인 문제가 시장 침체와 결합되면
      서 심각한 경제위기 상황이 발생한다. 2008년에 발생한 서브프라임 모기지 사태의
      경우 주택담보대출의 시작단계부터 유동화단계 전반에 걸쳐서 관리부실과 모럴해저
      드 성격의 행태가 나타난 대표적인 사례이다.

04   일본의 부동산거품의 형성과 붕괴는 국제적인 시장환경의 변화와 정부의 정책실기,
      기업 및 개인의 과도한 부동산 투자 등 다양한 요인이 원인이 되어 발생한 것으로
      평가되고 있으며 각 부분에서 윤리의식의 부재현상이 나타났다.

05   국내에서는 2010년대 주택경기 침체기에 하우스푸어가 이슈화되어 혼란을 야기하고
      정부에서는 문제 해결을 위해서 많은 사회적 비용을 지출하였다. 투자행위 자체에
      윤리의식이 결여되었다고 할 수은 없지만 무리한 투자의 결과가 비윤리적 행위로 이
      어지는 결과가 나타날 수 있으므로 제도적인 방지대책과 부동산투자에서의 윤리의식
      함양이 필요하다는 시사점을 제시해주고 있다.

예시문제 Exercise

01   수요자 금융시장에서 기본적으로 보호의 대상인 차입자가 가져야 할 윤리에 대해서 설명하시오.

02   대출기관이 위험을 관리하기 위해서 어떠한 방식을 사용하고 있는지 설명하고 이 과정에서 대출기관이 가져야 할 윤리는 어떤 것이 있는지 설명하시오.

03   우리나라에서 최근 대출위험을 관리하기 위해서 어떠한 제도가 도입되고 있는지를 제시하고 그 효과에 대해서 평가하시오.

04   미국 서브프라임 모기지사태와 일본의 거품붕괴 시기에 나타난 윤리적 이슈에 대해서 제시하고 한국의 부동산금융분야에 어떠한 시사점을 제공할 수 있는지 설명하시오.

05   국내 주택시장에서 이슈가 되었던 '하우스푸어'등과 관련해 윤리적 측면에서 어떠한 문제점을 도출할 수 있는지 설명하시오.

PART

04

공급자 금융에서의
윤리

01

공급자 금융시장 개요

　　공급자 금융은 건설사, 시행사 등의 사업주체가 건물 등 부동산을 건설하는 데 있어서 필요한 자금을 조달하는 금융을 의미한다.[22] IMF 외환위기 이후 국내 금융산업은 단기간에 급속한 변화를 겪었으며, 이 기간을 기점으로 성숙한 시장으로 변모할 수 있는 계기를 마련했다.

　　IMF 직후 다양한 금융조달 수단이 국내에 도입되었으며, 특히 「자산유동화에 관한 법률」, 「부동산투자회사법」, 「간접투자자산운용업법」등이 제정되면서 공급자 금융시장이 성숙할 수 있는 기반이 마련되었다.[23] 부실자산 해소를 위한 부동산자산 유동화를 목적으로 도입된 리츠, 부동산펀드 등의 간접자본 투자 시장이 생성되면서 부동산 개발 사업주체들이 다양한 방식으로 자금을 조달할 수 있는 여건이 만들어진 것이다.

　　2000년대 들어 주택시장이 호황을 누리면서 대규모 주택이 공급되기 시작

22　사업자가 도급을 통해 건물을 건설할 경우, 공급자 금융은 크게 의미가 없으나, 아파트 건설 등을 포함해 사업의 주체로 건물을 건설하게 되면 대규모의 자금이 필요하며, 다양한 자금조달 수단이 필요하게 됨.

23　IMF 외환위기로 우리의 국가 신용등급이 투자 부적격 대상이 됨으로써 금융기관과 기업들의 해외차입 비용이 높아지거나 심지어는 전혀 차입할 수 없는 상태가 지속. 1980년대 후반 외환위기를 겪은 아시아와 남미의 여러 기업들은 이러한 급격한 신용등급 하락에 대한 대응으로 국제 증권화 방식을 이용했었으며, 또한 이런 증권화를 통한 금융 혁신은 미국의 부실채권 정리기구인 정리신탁공사(RTC: resol-ution trust corporation)의 부동산 처리에도 사용됨. 이러한 기법들이 부동산 업계에 널리 확산되면서 부동산 개발금융의 활성화에도 기여함.

했으며, 공급자 금융시장은 급격하게 성장하기 시작했다. 주택시장의 호황이 가장 영향이 컸겠지만, 이 기간 동안 부동산PF를 통한 자금조달이 주택공급시장이 커지는 데 중요한 영향을 미쳤으며, 부동산PF 대출시장의 규모도 급격하게 확대되었다. 그러나 이 시기의 과도한 확장은 경기 침체기에 부동산 개발과 관련된 부동산펀드, 부동산PF대출 시장의 부실이 크게 이슈화되는 원인으로 작용하기도 했다.

부동산금융시장이 확대됨에 따라 공급자 금융에서 윤리는 더욱 중요해 지고 있다. 특히, 소자본을 통한 개인의 투자가 가능해지면서 사업주체 및 중개금융기관, 운영 업체들의 윤리에 대한 중요성이 확대되고 있다.

금융투자업에서 직무윤리는 개인의 자산과 직접적으로 연결된다는 점에서 매우 중요하다. 부동산 개발 투자자의 관점에서도 중요하지만 대상이 주택 등 국민의 자산과 연결된다는 점에서 공급자 금융업의 윤리가 강조된다고 할 수 있다.

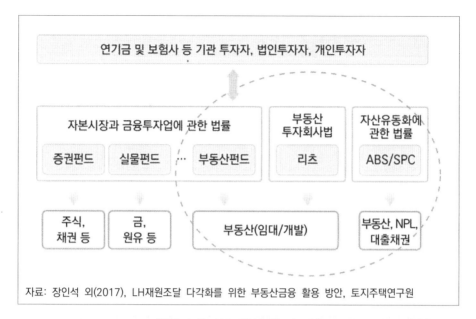

자료: 장인석 외(2017), LH재원조달 다각화를 위한 부동산금융 활용 방안, 토지주택연구원

〈그림 4-1〉 부동산 간접투자 시장

02
리츠

1) 개요 및 특징

리츠(REITs)는 다수의 투자자로부터 자금을 모아 특정 프로젝트의 개발 또는 부동산을 매입·개발, 부동산 관련 유가증권 등에 투자하여 발생하는 수익을 투자자에게 돌려주는 주식회사 형태의 부동산 간접투자 상품을 말한다.[24] 「부동산투자회사법」에 규정된 부동산투자회사(이하, 리츠)는 실물 부동산 또는 부동산과 관련된 유가증권 등에 투자·운영하고 그 운영으로 인한 수익을 투자자들에게 배분한다.

리츠는 자기관리 부동산투자회사, 위탁관리 부동산투자회사, 기업구조조정부동산투자회사의 세 가지 유형으로 구분되며, 외환위기 이후 기업구조조정 촉진을 위해 도입된 리츠 제도는 공모·분산의무 특례를 준 CR리츠 위주로 운용한 결과, 대기업과 기관투자자의 사모형태로 발달되어 왔다.

---

24 한국리츠협회 홈페이지

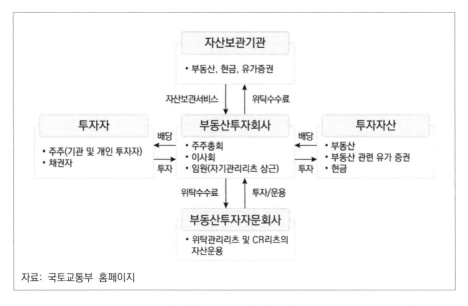

자료: 국토교통부 홈페이지

〈그림 4-2〉 리츠의 운영 형태

리츠에는 다양한 참여자가 존재한다. 자산관리회사는 리츠가 위탁한 보유부동산의 관리 및 운용업무를 수행한다. 리츠가 보유산 부동산에 대해 매매, 중개, 가치평가, 회계, 법률조사 등 제반 운용활동을 포함하며, 부동산 임대차, 관리, 유지보수 등의 서비스업도 수행한다. 자산의 투자 및 운용업무는 자산관리회사가 수행하지만 일반적인 사무는 일반사무수탁회사에 위탁된다. 투자자는 개인투자자와 기관투자자로 구성된다. 기관투자자에는 연기금, 보험회사, 펀드 등이 포함된다.

리츠는 지속적으로 성장하여 왔으며 금융위기 이후 부동산경기가 침체되었던 시기부터 본격적으로 성장하기 시작했다. 특히 2010년대 이후 오피스를 중심으로 한 대출리츠가 증가하면서 큰 폭으로 성장해 왔다. 2019년 말 기준 리츠는 총 248개사이며, 자산규모는 48.5조원 수준까지 성장했다. 2012년 자산규모가 약 9.6조원이었다는 점을 감안하면 이후 약 5배 수준이나 시장이 확대된 셈이다.

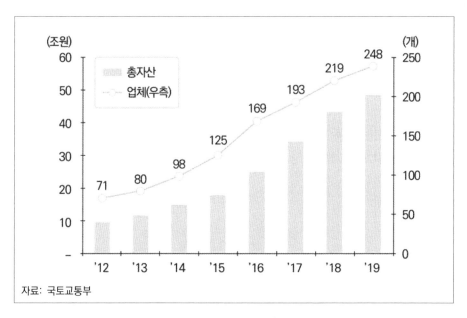

〈그림 4-3〉 리츠 총자산 및 업체 추이

최근에는 공모형 리츠의 활성화를 위한 방안도 추진 중이다. 정부에서는 공모형 부동산 간접투자 시장 규모를 현재 6조원 시장에서 2021년에는 60조원 시장으로, 약 10배까지 확대할 계획을 가지고 있다. 대부분 대형 투자기관이 투자하는 사모형태에서 공모형태로 확대될 경우 시장의 규모뿐 아니라 윤리적인 이슈도 더욱 크게 부각될 것이다.

2) 리츠와 윤리

리츠는 투자회사 형태를 가지고 있으며, 상근임원을 두고 있고 의결이나 관리가 까다롭게 진행되는 반면, 임원의 윤리적 문제가 불거질 가능성이 크다. 부동산 PF시장 초창기, 리츠의 선전화와 맞물려 자기관리리츠의 성장을 유도했으나 관리자들의 윤리적인 이슈가 성장의 걸림돌로 작용해 왔다.

(1) 국내 윤리

2011년 일부 회사 경영진의 모럴 해저드로 인한 부실화 사태로 리츠산업에 대한 불신이 팽배해진 상황에서 '한국리츠협회'는 윤리강령을 채택하고 윤리위원회를 발족했다. 2011년 6월 6월 다산리츠의 상장폐지와 골든나래리츠의 검찰조사가 진행되면서, 일부 리츠 경영진의 모럴 해저드가 드러나 시장의 불신이 확대되었기 때문이다.

> **참고** 리츠협회 윤리 강령[25]
> ───────────────────────────
>
> 첫째, 회원사는 회사를 경영함에 있어서 정직성, 성실성, 공정성을 유지하여야 하며, 기업의 사회적 윤리적 책임을 자각하고 부동산투자회사로서의 사회적 신뢰를 받기 위하여 노력하여야 한다.
>
> 둘째, 회원사는 시장의 안정 및 투자재산의 건전성을 해할 수 있는 어떠한 거래행위를 수행하지 않으며, 법률 및 관련 규정의 준수와 투명경영의 실현을 위하여 최선을 다한다.
>
> 셋째, 회원사는 투자자의 이익보호를 기본 이념으로 하는 부동산투자회사로서의 전문역량을 강화하고 향상시키기 위하여 부단히 노력하고, 합리적이고 구체적인 실현 가능한 사업계획을 수립하여야 하며, 사업의 수행에 있어서도 선량한 관리자로서의 주의 의무를 다하여야 한다.
>
> 넷째, 회원사는 회원사와 투자자간, 특정 투자자간의 이해 상충 방지에 최선을 다하며, 직무수행상 알게 된 미공개 정보를 외부에 누설하지 않으며, 이를 통하여 이익을 도모하지 않는다.
>
> 다섯째, 회원사는 윤리강령 및 윤리규정의 준수를 서약하여야 하며, 윤리강령 및 윤리규정을 위반할 경우에는 법규에 따른 제재나 불이익을 감수한다.

───────────────────────────

25 서약 참여사: 한국토지신탁, 자기관리리츠, 코람코자산신탁, 에이알에이코리아, 인트러스투자운용, 케이비부동산신탁, 케이리츠앤파트너스, 퍼시픽투자운용, 코레이트투자운용, 하나에이아이엠투자운용, 제이알투자운용, 마스턴투자운용, 한국토지주택공사, 한국경우에이엠씨, 한국자산신탁, 케이티에이엠씨, 하나자산신탁, 생보부동산신탁, 대한토지신탁, 하나투어투자운용, 서울투자운용, HDC자산운용, 신한리츠운용, 디앤디인베스먼트 (이상 자산관리회사) 에이리츠케이탑리츠, 경인리츠, 모두투어리츠(이상 자기관리리츠).

리츠협회는 건전한 부동산 투자의 활성화와 투자자 보호를 위해 자발적인 협의과정을 통해서 윤리강령을 채택하고 윤리위원회를 구성하였다. 윤리위원회에서는 회원사의 윤리강령 및 윤리규정 위배 사실을 인지하였을 경우 조사 및 심의과정을 통해서 드러난 위반 사항을 인가기관에 통보하는 역할을 수행한다.

(2) 국외 윤리

미국의 리츠는 1960년 「부동산투자신탁법(Real Estate Investment Trust Act)」의 제정과 함께 미국의회가 일정한 요건을 갖춘 리츠에 대해 법인세를 면제하는 법안을 통과시킴으로써 도입되었다.[26]

1986년 「세제개혁법」 시행으로 인한 규제 완화가 리츠의 기업공개(IPO)를 활성화시켰으며, 2015년 말 기준 미국 리츠의 시가 총액은 약 1천조원 이상으로 상장 비중은 90%에 달한다.

미국의 리츠는 별도의 근거법을 두고 있지 않고, 증권 발행을 통한 투자로 이루어지기 때문에 미국 「증권법(The Securities Act of 1933)」의 규제가 적용되며, 세제상의 혜택을 받기 위해서는 「내국세법(IRC: Internal Revenue Code)」상 자격요건을 갖추어야 한다. 또한 법인세 면제 혜택이 존재하기 때문에 감독당국은 리츠가 조세회피의 수단으로 남용되지 않도록 설립 및 유지에 일정 요건 충족이 요구된다.

상장된 리츠는 정보공시의 방법이 경영상의 건전성과 임직원의 도덕적 해이방지를 위한 방안으로 주로 사용되고 있다. 정보공시의 대표적인 형태는 기업공개 등 불특정 다수를 통한 자금 모집 시 증권거래위원회에 제출하는 사업설명서이다. 사업 설명서는 회사에 관한 자세한 정보가 담겨져 있으며, 투자자들이 사업설명서의 투명한 공개 자료에 기반하여 객관적으로 평가하고 투자의사 결정을 내릴 수 있는 판단의 근거를 제공하게 된다. 사업설명서에 포함사

---

26 김병연, 「부동산투자신탁(REITs)의 법체계와 부동산투자회사법의 발전」, 2002, p. 4.

항은 사업설명서 요약, 위험 요소, 재무 관련 사항, 사업 및 자산에 관한 내역은 물론 회사경영진, 회사의 계약사항, 각종 법률과 과세에 관한 사항 등이다.

또한 리츠가 차입을 할 경우에는 이사회의 의결을 받도록 하고 있으며 경영진의 도덕적 해이 현상을 막기 위해서 스탁옵션(stock option)이라는 인센티브제도를 도입하고 있다.[27]

미국리츠협회(NAREIT: National Association of Real Estate Investments Trust), 미국부동산투자수탁자협회(NCREIF: National Council of Real Estate Investment Fiduciaries) 등의 기관에서 리츠시장을 비롯해 주택, 오피스 등 리츠의 주요 투자시장에 대해 다양한 시장지수를 제공하고 있다.

참고 미국 Simon Property Group사 윤리강령 사례 ─────────

(목적 및 적용 범위)
• 윤리적 의사결정의 기준 제공
• 소속 임직원 모두의 윤리행동 강령 준수 요구
• 규정 위반 시 징계 및 해고의 원인이 될 수 있음을 명시

(주요 내용)
• 이해상충: 임직원의 외부 주주활동 제한, 회사자산의 개인목적 사용제한, 선물 및 향응 수취 제한 등
• 공정한 거래: 임직원은 회사의 공급 업체, 경쟁 업체 등과 공정한 거래를 위해 노력하여야 함
• 내부비리 고발자에 대한 규정(Whistle-blower Policy)
• 장부의 정확한 기록 유지
• 차별금지, 동등한 기회

자료: Code of Business Conduct and Ethics[28]

---

27 이상영 외, 「부동산투자회사 제도의 도입 방안에 관한 연구」, 『건설산업연구원』, 신신법률사무소, 1999, p. 112.

28 Simon Property Group: 미국 전역에서 regional mall과 community shopping center를 소유, 개발, 관리하는 대표적 REITs 회사.

아시아 지역의 외환위기로 인해 주식과 채권시장의 변동폭이 커지면서 신규 자금조달이 어려워진 상황이 지속됨.

위험성이 높은 CMBS(Commercial Mortgage Backed Securities)에 주로 투자해 온 CMM에게 금융기관들은 추가 담보를 요구함.

CMM이 담보로 제공한 CMBS와 미 재무부 증권 간의 스프레드 격차가 현격한 차이를 보였기 때문에 담보부족사태가 발생하게 됨.

금융기관들은 담보비율을 유지하기 위해 CMM에게 추가 담보를 요구하였고 신용경색에 처한 금융시장에서 추가담보 제공은 물론 신규 재원조달도 어려워지게 된 CMM은 법정관리를 신청하게 됨.

자료: 이상영 외, 「부동산투자회사 제도의 도입 방안에 관한 연구」, 『건설산업연구원』,
신신법률사무소, 1999, p. 55.

3) 리츠 부실화 및 특징

국내 리츠 도입 이후 발생한 대표적 관련 금융사고는 2011년 상장폐지된 다산리츠 사례와 2014년 상장폐지된 골든나래리츠 사례이다. 국내 1호로 자기관리리츠 영업인가를 받은 다산자기관리리츠는 임원들의 비리로 인해 2011년 6월 상장폐지되었다. 2007년 자본금 10억으로 설립된 다산리츠는 2008년 4월 국내 최초로 부동산투자업 영업인가를 획득하였다.

250억원이던 부동산투자회사법상 최저자본금이 100억원으로 하락하면서 상장을 추진했고, 자본금 확보에 성공했다. 그러나 대출받은 자본금을 회계장부에 기록 후 바로 되갚는 방식으로 회계자료를 조작했으며, 상장 이후 회사 자금 56억원을 차용금 형식으로 횡령해 자금을 남용했다.

또한, 다산리츠 초기사업인 부산해운대 오피스텔 사업이 총자산 129억 중 당기순손실 78억원, 영업손실 22억원을 기록했으며, 인건비 및 건물매매약정 금액이 과도하게 지출되기도 했다.

2011년 5월 2010년 재무제표에 대해 회계법인으로부터 어음을 임의로 발행한데다 자금거래와 관련해 사실과 다른 자료를 제출했다가 감사의견제한을 통보받게 되었으며, 다산리츠의 상장폐지는 코스피 역사상 최단기라는 불명예도 안았다.

다신리츠 부실화의 주요 원인은 임원의 비리, 경영권분쟁, 가장납입 등으로 요약할 수 있다. 일반적으로 자기관리형 리츠는 대부분 개발사업에 집중하기 때문에 투자자에 대한 수익 배당 시까지 상당기간이 요구된다. 공모형 자기관리리츠의 경우 윤리적 이슈로 인해 투자자에게 직접적인 손실이 발생하게 되는데, 다산리츠의 경우 상장당시 시가총액이 440억원에 달했으나 상장폐지가 결정된 6월 9일에는 126억원까지 하락했다.

다산리츠 부실화 발생 이후, 자기관리리츠의 인허가가 급격하게 감소하면서 시장이 본격적으로 성장하기도 전에 위축되는 결과를 가져왔다.

리츠가 상장될 경우 투자자는 주가 상승으로 인한 차익실현에 많은 관심을 가질 수밖에 없으며 경영진은 단기적 차익 실현을 위한 주가조작의 유혹에 쉽게 노출될 수밖에 없다. 자산보관계약을 체결하지 않았거나 실제 자산 부족 등의 가장납입의 경우 「부동산투자회사법」 관련 규정 위반사항으로 감독기관의 체계적인 관리·감독이 미흡했다는 점을 시사한다. 국내 리츠 도입 역사상 대표적인 부실화 사례로 꼽히는 다산리츠 부실화는 리츠 부실화의 사례가 어떠한 파장을 불러일으키는지 보여주는 대표적 사례였다.[29]

---

29 김종수, 「부동산간접투자방법의 현황분석 및 개선방향에 대한 연구」, 건국대학교 부동산대학원 석사학위논문, 2010, p. 75.

참고 다산리츠 사고 사례 ──────────────────────

(개요)
- 명칭: ㈜다산 자기관리 부동산투자회사
- 인가일: 2008년 4월 7일
- 자본금: 220억 원(사모 70억원, 공모 150억원)
- 주요 사업: 해운대 오피스텔 매입 및 임대사업(사업규모 1,047억원)

(주요 내용)
- 2007년 12월: 법인설립(자본금 10억원)
- 2008년 4월: 국내 제1호 자기관리리츠 영업인가 득
- 2010년 8월: 일반 공모 150억원 유상증자로 자본금을 220억원으로 증자
- 2010년 9월: 한국거래소에 상장(자기관리리츠 중 골든나래에 이어 두 번째)
- 2010년 12월: 영업 손실 22억원, 당기순손실 70억원 결산
- 2011년 3월: 감사보고서 미제출
- 사내 이사의 법인인감 무단 도용으로 발행한 불법어음, 해운대 오피스텔 매입계약의 중도금 및 잔금 미지급 등으로 분쟁 발생
- 2011년 3월: 다산리츠에 대한 검찰 압수수색 실시
- 2011년 5월: 전 사내이사의 횡령 · 배임 혐의로 인한 형사 고소 접수
- 2011년 6월: 다산리츠 사내이사 배임 및 횡령 혐의로 구속
- 2011년 6월: 상장 폐지

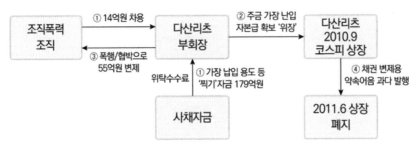

자료: 한겨레(2011.8.22), "코스피에 조폭 상장사 9개월만에 거덜"

(개요)

• 명칭: ㈜골든나래 개발전문 자기관리 부동산투자회사
• 인가일: 2008년 5월 20일
• 사본금: 268억원(사모 100억원, 공모 168억원)
• 주요 사업: 거제도 고현동 주상복합 개발사업(사업규모 456억원)

(주요 내용)

• 2010년 12월~2011년 4월까지 70여 개 증권계좌를 이용, 골든 나래리츠 주식 500만 주가량을 매수 · 매도하면서 주가를 조작한 혐의로 골든나래리츠의 주주인 K모 외 2명이 주가조작 혐의로 구속
• 2014년 9월: 상장 폐지

자료: 언론기사취합

03
부동산펀드

1) 부동산펀드 개요 및 특징

    부동산펀드는 간접투자상품으로 2000년대 초반 국내에 도입되었으며, 리츠와 마찬가지로 소규모 자금으로 부동산 및 부동산 관련 대출, 유가증권 등에 투자가 가능하다. 다수 투자자들로부터 자금을 모아서 기금을 조성하여 전문적인 투자·운용 기관에 위탁하여 부동산 및 부동산과 관련한 대출 및 유가증권 등에 투자하고 그 운용성과에 따라 수익을 분배하는 투자신탁(business trust), 투자회사(corporation), 또는 간접투자 상품을 의미한다.

    「자본시장법」에 의하면 부동산집합투자기구란 재산의 50%를 초과하여 부동산(부동산을 기초자산으로 하는 파생상품, 부동산 개발과 관련된 법인에 대한 대출, 그 밖에 대통령령으로 정하는 방법으로 부동산 및 대통령령으로 정하는 부동산과 관련된 증권에 투자하는 경우를 포함)에 투자하는 집합투자기구로 정의할 수 있다.[30]

    부동산펀드의 운용 및 판매 시스템은 일반적인 펀드와 유사하며, 투자자는 펀드 판매사를 통해 펀드에 투자하고, 모집된 자금은 자산운용사로 넘어가 자산운용사에서 각 펀드별로 부동산 관련 사업에 투자하여 수익을 투자자에게 배분하는 형태를 취한다.

    펀드의 운용은 집합투자업자가 담당하며, 일반적으로는 자산운용사를 지

---

30 한국금융투자협회 금융투자교육원, 「펀드투자상담사 부동산펀드」, 2014, p. 29.

칭한다. 펀드는 공모와 사모에 제한이 없으나 사모방식이 주를 이루고 있으며, 연기금·지자체·행정공제회 등에서 30% 투자시에만 사모가 가능한 리츠와는 다소 차이가 있다.

펀드는 크게 4개의 유형으로 구분되는데 대출형 펀드, 임대형 펀드, 경·공매형 펀드, 직접개발형 펀드이다.

■ [표 4-1] **펀드 유형**

구 분	내용
대출형 펀드	• 대형상가, 아파트, 오피스텔 등을 개발하는 회사에 자금을 대출하고 이자수익을 얻는 방식
임대형 펀드	• 대형 빌딩이나 호텔 등 상업용 건물을 매입하여 임대수익과 시세차익을 얻는 방식
경·공매형 펀드	• 법원 경매나 자산관리공사의 공매 부동산을 매입후 임대 또는 매각을 통해 수익을 얻는 방식
직접개발형 펀드	• 부동산을 직접 개발하고 분양하여 개발 이익을 얻는 방식

국내 부동산펀드 시장은 리츠와 마찬가지로 2010년 이후 급격하게 성장하기 시작했다. 부동산펀드 시장은 부동산 경기 침체와 상관없이 매년 20% 넘는 성장을 지속해 왔으며, 향후에도 지속적으로 성장할 가능성이 높다.

부동산 펀드는 2004년 8천억원 수준에 불과했으나 2009년에 10조원을 넘어섰으며, 2019년 말 기준 98조원까지 성장(설정원본 기준)했다. 전체 펀드에서 차지하는 비중도 2017년 두 자릿수로 성장했으며, 2019년 말 기준 15%까지 증가했다.

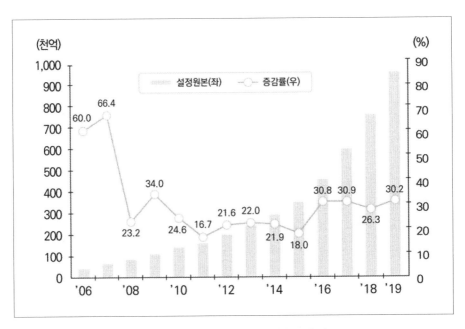

〈그림 4-4〉 **부동산펀드 설정원본 추이**

부동산 공모형 펀드 시장도 확대되고 있다. 설정원본 기준 3천억 수준에 머물던 공모형 펀드는 2019년 4천 7백억 규모까지 확대되었다. 특히 2019년 9월 「공모형 부동산 간접투자 활성화 방안」을 발표하면서 투자대상을 확대하고 세제혜택을 강화하는 등 개인들이 소액으로 투자하도록 부동산 간접투자시장 확대를 유도하고 있어 향후 지속적인 성장이 예상되고 있다.

부동산 펀드 시장은 급속도로 성장하고 있고, 특히 사모시장의 대부분이던 시장에서 공모형 펀드들이 등장하기 시작하면서 윤리의 중요성은 더욱 증가하고 있는 셈이다.

투자대상확대	• 도심 첨단산업단지 등 우선 공급 • 공공부지 개발시 가점부여 • 복합리츠 방식 검토
세제혜택	• 배당소득 분리과세 • 재산세 분리과새 • 기업이 공모리츠 출자시 발생하는 양도세를 리츠 제출시까지 이연(2020년) • 취득세 감면
상품다변화	• 정부주도 앵커리츠 조성 • 재간접 사모리츠 투자한도 완화

2) 부동산펀드 관련 국내외 윤리

(1) 국내 윤리

국내에 펀드 도입 이후 높은 양적 성장에도 불구하고 자산운용업의 낮은 수익성, 불완전판매, 소규모 펀드의 난립 등의 문제가 여전히 문제점으로 지적되고 있다.[31]

투자 대상인 기업의 투명성, 운용의 주체인 자산운용사의 공정하고 투명한 거래 관행, 형식, 컴플라이언스 기능 강화 등이 향후 펀드 시장의 발달에 필수불가결한 요소이다. 이를 해결하기 위해서는 자산운용사와 판매사들은 투자자들의 다양한 위험, 투자스타일, 그리고 자산군에 대한 투자 수요를 충족시킬 수 있도록 노력해야 한다.

부동산펀드와 관련한 윤리위반이 빈번히 발생할 수 있는 영역은 판매 분야와 운용 분야로 요약될 수 있다.

---

31 한영아 외, 「펀드시장 성장사(사건, 제도, 마케팅 전략을 중심으로)」, 『경영사학』 제29집 제1호, 2014, p. 142.

• 설명의무

(제47조) 일반투자자를 상대로 금융투자상품에 대해 투자권유를 하는 경우 해당 금융투자상품의 내용, 투자에 따르는 위험, 그 밖의 사항들을 설명해야 하는 의무임

• 부당권유의 금지

(제49조) 투자권유를 함에 있어, 거짓의 내용을 알리는 행위, 불확실한 사항에 대해 단정적 판단을 제공하거나 확실하다고 오인하게 할 소지가 있는 내용을 알리는 행위 등을 금지하는 규정임

• 적합성 원칙

(제46조) 일반투자자에게 금융투자상품에 대한 투자권유를 하는 경우, 일반투자자의 투자목적, 재산상황 및 투자경험을 고려해야 하며, 적합하지 않을 경우 투자권유를 해서는 안 된다는 원칙

• 적정성의 원칙

(제46조의2) 일반투자자를 상대로 하는 투자권유 행위가 없더라도 위험성이 높은 금융투자상품이 해당 일반투자자에게 적정하지 않다고 판단될 때에는 해당 사실을 고지하고 서명, 기명날인, 녹취 등의 방법으로 확인받아야 한다는 내용

〈자료〉 정윤모 외, 「금융투자상품 불완전판매 규제현황 및 시사점」, 『자본시장연구원』, 2015.

───────────────────────────────────────

　　금융투자상품 거래를 둘러싼 불완전판매 사건이 발생하는 근본적인 원인은 일반투자자와 판매자 사이에 존재하는 정보비대칭성(information asymmetry)으로, 거래당사자 간 이해가 적절하게 반영된 공정한 거래가 체결되기 어렵다는 점에 있다.[32] 펀드 등 금융투자상품 불완전판매에 적용되는 기본 법리는 부당권유의 금지(「자본시장법」 제49조), 적합성 원칙(제46조), 적정성의 원칙(제46조의2), 설명의무(제47조) 및 손실보전 등의 금지(제55조) 등이 종합적으로 적용된다.[33] 특히 경쟁 업체 및 동일 회사 내의 경쟁은 적합성의 원칙과 설명의무

─────────────────

32　정윤모 외, 「금융투자상품 불완전판매 규제현황 및 시사점」, 『자본시장연구원』, 2015, p. 3.

33　금융투자협회, 「금융투자 분쟁조정 주요사례·판례요약」, 2016, p. 12.

조항만으로는 충분히 제어하기 힘들며, 윤리적 문제 발생 소지가 크다고 할 수 있다.

투자자 피해는 투자자를 직접 상대하는 금융기관인 판매회사와 투자자의 관계에서 발생하는 것이 대부분이나, 펀드의 운용회사와 투자자의 관계에서도 투자자 피해가 발생할 수 있다.[34] 운용회사와 투자자의 관계에서 투자자 피해가 발생하는 경우는 운용회사가 펀드 약관이나 투자설명서 등에 기재된 내용과 다르게 운용하여 결과적으로 투자자에게 피해를 주는 경우가 가장 많다. 이러한 경우에 운용회사의 불법 행위를 인정하여 그 피해를 보상하라는 법원의 판결이 있었다.

2015년 6개 금융 관련 협회·중앙회[35]는 금융규제 완화로 자율성 확대에 따라, 금융회사의 내부통제 강화와 윤리의식 제고를 통해 국민의 신뢰 회복을 위해 「금융권 윤리헌장(2015.7)」을 마련하고 이를 토대로 업권별 행동지침을 구체화한 「표준윤리강령(2015.12)」을 제정하였다.

금융권 윤리헌장은 금융회사와 임직원이 공유하고 스스로 지켜나가야 할 기본가치를 선정한 것이다. 주요 포함 내용은 ① 고객우선, ② 법규준수, ③ 신의성실, ④ 시장질서 존중, ⑤ 경영진의 책임, ⑥ 정보보호, ⑦ 자기혁신, ⑧ 상호존중, ⑨ 주주가치 극대화, ⑩ 사회적 책임 등이다.

「금융투자회사 표준내부통제기준」은 「금융회사의 지배구조에 관한 법률」 제24조 내지 제30조에 따라 회사의 임직원이 그 직무를 수행함에 있어 준수하여야 하는 기준과 절차를 정하여 경영의 건전성을 도모하고, 주주 등 이해관계자의 이익을 보호하는 것을 목적으로 한다.

---

34 한국금융투자보호재단, 「투자자보호(불완전판매)」 참조.
35 6개 금융 관련 협회·중앙회: 은행연합회·금융투자협회·생명보험협회·손해보험협회 ·저축은행중앙회·여신금융협회

하나, 회사와 임직원은 항상 고객의 입장에서 생각하고 고객에게 보다 나은 금융 서비스를 제공하기 위해 노력하여야 한다. (고객우선)

둘, 회사와 임직원은 업무를 수행함에 있어 관련 법령 및 제 규정을 이해하고 준수하여야 한다. (법규준수)

셋, 회사와 임직원은 정직과 신뢰를 가장 중요한 가치관으로 삼고 신의성실의 원칙에 입각하여 맡은 업무를 충실히 수행하여야 한다. (신의성실)

넷, 회사와 임직원은 공정하고 자유로운 시장경제 질서를 존중하고, 이를 유지하기 위하여 노력하여야 한다. (시장질서 존중)

다섯, 회사의 경영진은 직원을 대상으로 윤리교육을 실시하는 등 올바른 윤리문화 정착을 위하여 노력하여야 한다. (경영진의 책임)

여섯, 회사와 임직원은 업무수행 과정에서 알게 된 회사의 업무정보와 고객정보를 안전하게 보호하고 관리하여야 한다. (정보보호)

일곱, 회사와 임직원은 경영환경 변화에 유연하게 적응하기 위하여 창의적 사고를 바탕으로 끊임없이 자기혁신에 힘써야 한다. (자기혁신)

여덟, 회사는 임직원 개개인의 자율과 창의를 존중하고 삶의 질 향상을 위하여 노력하여야 하며, 임직원은 서로를 존중하고 원활한 의사소통과 적극적인 협조 자세를 견지하여야 한다. (상호존중)

아홉, 회사와 임직원은 합리적인 의사결정과 투명한 경영활동을 통하여 주주와 기타 이해 관계자의 가치를 극대화하기 위하여 최선을 다하여야 한다. (주주 가치 극대화)

열, 회사와 임직원 모두 시민사회의 일원임을 인식하고, 사회적 책임과 역할을 다하여야 한다. (사회적 책임)

자료: 금융위원회 보도자료, "금융업권별 표준윤리강령 제정 및 윤리모범사례 포상", 2015.12.

제30조(영업의 일반원칙) 임직원은 고객의 이익 보호와 공정한 거래질서의 유지를 위하여 다음 각 호의 원칙을 성실히 준수하여야 한다.

1. 고객의 투자목적, 투자자금의 성격, 위험선호도 등 고객에 관한 정확한 정보를 파악하고 이에 적합한 투자권유를 한다.
2. 선량한 관리자로서의 주의의무를 다한다.
3. 금융투자상품의 내용과 관련 위험 등 중요 사항을 고객에게 충분히 설명한다.
4. 고객의 인적사항 및 매매거래 정보 등을 부당하게 이용하거나 유출하지 아니한다.
5. 고객에 대한 허위정보의 제공 및 문서 위·변조, 매매거래 유인을 위한 사기 또는 기망 등 위법·부당행위를 하지 아니한다.

제32조(집합투자업) 회사는 다음 각 호의 어느 하나에 해당하는 행위를 하여서는 아니 된다. 다만, 투자자 보호 및 건전한 거래질서를 해할 우려가 없는 경우로서 법 시행령 제87조제1항 각 호의 어느 하나에 해당하는 경우에는 이를 할 수 있다.

1. 집합투자재산을 운용할 때 금융투자상품, 그 밖의 투자대상자산의 가격에 중대한 영향을 미칠 수 있는 매수 또는 매도 의사를 결정한 후 이를 실행하기 전에 그 금융투자상품, 그 밖의 투자대상자산을 집합투자업자 자기의 계산으로 매수 또는 매도하거나 제삼자에게 매수 또는 매도를 권유하는 행위
2. 회사 또는 관계인수인(법 시행령 제87조제2항 각 호의 어느 하나에 해당하는 인수인을 말한다. 이하 같다)이 인수한 증권을 집합투자재산으로 매수하는 행위
3. 회사 또는 관계인수인이 발행인 또는 매출인으로부터 직접 증권의 인수를 의뢰받아 인수조건 등을 정하는 인수업무를 담당한 법인의 특정증권 등(법 제172조제1항의 특정증권 등을 말한다. 이하 이 호에서 같다)에 대하여 인위적인 시세(법 제176조제2항제1호의 시세를 말한다)를 형성하기 위하여 집합투자재산으로 그 특정증권 등을 매매하는 행위
4. 특정 집합투자기구의 이익을 해하면서 회사 또는 제삼자의 이익을 도모하는 행위
5. 특정 집합투자재산을 회사의 고유재산 또는 회사가 운용하는 다른 집합투자재산, 투자일임재산(고객으로부터 투자판단을 일임받아 운용하는 재산을 말한다) 또는 신탁재산과 거래하는 행위
6. 제삼자와의 계약 또는 담합 등에 의하여 집합투자재산으로 특정 자산에 교차하여 투자하는 행위
7. 투자운용인력이 아닌 자에게 집합투자재산을 운용하게 하는 행위
8. 그 밖에 투자자 보호 또는 건전한 거래질서를 해할 우려가 있는 행위로서 법 시행령 제87조제4항, 금융투자업규정 제4-63조 및 제4-64조 각 호의 어느 하나에 해당하는 행위

본 기준 제30조에서는 금융회사 임직원이 고객의 이익 보호와 공정한 거래질서의 유지를 위하여 준수해야 할 공통사항을 다음과 같이 명시하고 있으며, 본 기준 제32조에서는 투자자 보호 및 건전한 거래질서 유지를 위해 집합투자회사의 규제사항을 다음과 같이 명시하고 있다.

(2) 국외 윤리

미국의 금융투자업에 관한 직무윤리규제는 2002년 7월 우리나라 금융기관의 내부통제제도 성립에 막대한 영향을 끼친 「사베인즈옥슬리 법(Sarbanes-OxleyAct of 2002, 이하, SOX법)」의 제정에 의해 도입되었다.[36]

SOX법의 제정 이전에는 「연방증권법」 중에서 'Ethics'의 용어를 사용한 것은 「투자회사법(Investment Company Act of 1940)」에 불과했으며, 그 내용도 SEC가 작성·적용하는 규칙·규제에는 윤리행동강령(Code of Ethics)이 적용된다는 문언에 불과하다. 1933년의 「연방증권법」, 1934년의 증권거래소 제정 이래 가장 큰 변혁을 일으킨 법으로 간주되는 「사베인즈옥슬리 법」은 기존 「연방증권법」 중 기업지배구조 부분을 대폭 강화한 것이다.[37]

상장회사 회계감사심의회(PCAOB: Public Company Accounting Oversight Board)의 설치, 감사인의 독립성, 기업정보 공개의 확장, 내부통제의 의무화, 경영자의 부정행위에 대한 벌칙강화, 증권분석가 등에 대한 규제, 이사회 구성원의 자격, 내부고발자의 보호 등 다양한 분야가 규정되어 있다.

---

36 이형기, 「금융투자업의 직무윤리에 관한 연구」, 『대한경영학회지』 제23권 제5호, 2010, pp. 2716-2721.

37 김봉선 외, 「사베인즈옥슬리 법(Sarbanes-Oxley Act)이 기업지배구조와 기업경영에 미치는 파급효과와 학문적, 실무적 시사점」, 『전략경영학회』, 2008, p. 4.

구 분	내 용
Sec.406	• 상장기업에 대한 윤리강령의 공시에 관한 규칙정비를 미국증권거래위원회(SEC)에 요청
Sec.1104	• 미 연방 양형위원회(United States Sentencing Commission)에 증권 회계에 관한 사기 등에 적용되는 「연방 양형 가이드라인(Federal Sentencing Guideline)」을 개선하도록 규정
Sec.301, Sec.806, Sec.1107	• 기업 내의 범죄행위방지 및 조기발견을 목적으로 내부고발제도의 합리화를 도모하도록 요구

자료: 이형기, 「금융투자업의 직무윤리에 관한 연구」, 『대한경영학회지』, 2010, p. 2717.

참고 미국의 반부패 · 반독점 제재 동향 ─────────────

• 1977년, 「해외부패방지법」 제정
• 1989년, 「내부비리고발자보호법」 제정
• 1991년, 「연방 판결 가이드라인」 제정
  - 기업이 법 위반 시 준법경영 시스템을 잘 갖추고 있으면 책임 감면
• 1998년, 「해외부패방지법」 개정
  - 관할권 범위확대를 통해 외국기업이 외국 관료에 뇌물 제공 시 처벌
• 2001년, 증권거래소 상장기업 윤리경영 의무화
• 2002년, 「사베인즈옥슬리 법」 제정
  - 기업의 회계부정 금지 및 투자자 보호
• 2009년, 오바마 대통령, 국제카르텔 공격적 차단 발표

자료: 대한상공회의소, 「국내기업의 해외 준법리스크 대응과 과제」, 2014, p. 1.

뉴욕증권거래소(NYSE)와 나스닥(NASDAQ)은 각각의 규칙 「NYSE Listed Company Manual Section」에 자체시장에 상장하는 기업에게 모든 임직원을 대상으로 SEC의 「Item 406 of Regulations S-K」에 규정하는 윤리강령의 준수 및 위반에 대한 내부고발제도 확립 등 실효성 확보 조치를 포함한 행동규칙(Code of Conduct)의 적용을 요구하고 있다.[38] 또한 금융투자회사의 행위에 관한 윤리에 대해서는 금융투자산업 규제기구(FINRA)가 복수의 규칙을 제정하고 있다.[39]

참고 미국 「연방 양형 가이드라인」의 주요 내용 ──────────

• 종업원 행동강령이 있고
• 준법담당 임원을 두고
• 이사회에서는 사외이사가 영향력을 행사할 수 있고
• 평소에 기업윤리 관련 교육을 실시하고
• 수시 또는 정기적으로 준법감사를 실시하고
• 비윤리적 행위는 철저히 처벌하고
• 재발방지를 위한 구체적 조치를 취하는 회사에 대해서는 같은 수준의 범죄라도 형량을 가볍게 할 수 있음.
* 대부분 미국기업들은 연방판결지침에 맞게 준법 프로그램을 운영하는 반면, 외국계기업들은 이에 대한 대비가 미흡해 가중형을 받고 있음.

자료: 대한상공회의소, 「국내기업의 해외 준법리스크 대응과 과제」, 2014, p. 13.

미국에서는 컴플라이언스가 강제되지 않지만, 운영이 잘 되고 있는 원인은 연방법원의 태도에 기인한다.

---

38 이형기, 「금융투자업의 직무윤리에 관한 연구」, 『대한경영학회지』 제23권 제5호, 2010, pp. 2716-2721.
39 금융투자회사의 업무수행에 따른 상업상의 윤리기준과 거래원칙(Standards of Commercial honor and principles of trade)을 규정하는 Rule 2110은 단순한 주의규정이 아니고, 이를 위반하는 경우 실질적으로 제재를 부과하고 있음.

금융투자업이 기본적으로 두어야 할 직무윤리의 내용으로 각국의 증권 감독기관으로 구성된 IOSCO(국제증권감독위원회: International Organization of Securities Commissions)[40]가 1990년 11월 총회에서 7개의 행동규칙을 채택하고 있다.[41]

1990년 11월, '7개 행동규칙' 결의를 통해 회원국가들에게 증권회사의 영업준칙의 구체적 내용을 정비할 것을 권고했다.

■ [표 4-4] IOSCO의 7개 행동규칙

구 분	내 용
성실 · 공평	업자는 업무영위 시 고객의 최대이익과 시장의 건전성을 도모할 수 있도록 성실하고 공정하게 행동해야 한다.
주의의무	업자는 업무영위 시 고객의 최대 이익과 시장 건전성을 도모할 수 있도록 상당한 기법, 배려 및 주의를 갖고 행동해야 한다.
능 력	업자는 업무의 적절한 수행을 위해 필요한 인재를 고용하고 절차를 정비해야 한다.
고객에 관한 정보	업자는 서비스 제공시 고객의 자산상황, 투자 경험 및 투자 목적을 파악하도록 노력해야 한다.
고객에 대한 정보 공시	업자는 고객과 거래시 해당 거래에 관한 구체적인 정보를 충분히 공시해야 한다.
이해상충	업자는 이해상충을 방지하도록 노력해야 한다. 이해상충을 방지할 수 없는 우려가 있는 경우에도 모든 고객을 공평하게 취급해야 한다.
준 수	업자는 고객의 최대 이익과 시장의 건전성을 도모하기 위해 그 업무에 적용되는 모든 규칙을 준수해야 한다.

자료: 이형기, 「금융투자업의 직무윤리에 관한 연구」, 『대한경영학회지』 제23권 제5호, 2010, pp. 2716-2721.

---

40 증권거래의 규제 · 감독에 관한 다국간 국제협력문제를 검토하는 국제기구.

41 이정숙, 「미국 증권회사 컴플라이언스 프로그램의 이론적 배경과 특징」, 『증권법연구』 5(1), 2004, pp. 221 – 253.

또한 1998년 9월에는 증권규제의 목적과 원칙에서 투자자 보호와 건전한 증권시장 질서 유지를 위하여 증권회사에 대한 영업행위준칙을 마련하여 적용하여야 한다고 명시하고 있다.

(3) 부동산펀드 부실화 및 특징

최근 부동산 펀드는 임대형 펀드가 대부분이며, 임대형 펀드는 대출형 펀드 대비 부실이나 윤리적 이슈 발생 가능성은 다소 낮다. 부동산펀드는 만기까지 자금이 묶이는 폐쇄형으로 상장된 이후 거래는 거의 없으며, 거래량이 거의 없다 보니 운용사가 사후관리에 소홀한 경우가 많을 수 있다.

최근 주식관련 사고가 이슈와 되면서 금융투자업의 혁신 플랜이 마련되었으며, 임직원의 직무 윤리에 대한 제고도 주요한 항목으로 제시되었다.

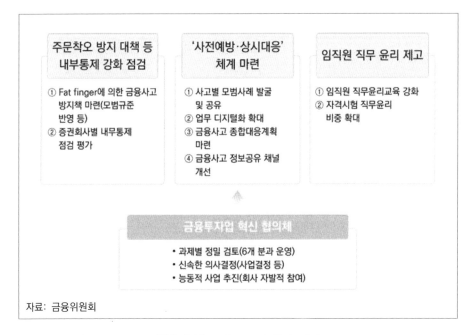

〈그림 4-5〉 금융투자업 혁신 플랜

금융감독원의 부동산 펀드를 운용 중인 자산운용사에 대한 종합검사 사례를 종합해 보면 간접투자재산 운용 부적정, 준법감시인 선임 부적정, 수시공시 누락 및 지연, 집합투자기구의 자산운용 한도 위반 등이 공통적으로 나타난다.

참고 부동산펀드 운용사의 주요 지적사항

① 부동산펀드 운용의 적정성을 결여하여 투자자 손실을 초래
② 준법감시인 자격을 충족하지 못한 자를 준법감시인으로 선임
③ 펀드 운용인력 변경 등 수시공시 사항을 누락하거나 지연 공시
④ 펀드의 투자자산별 운용한도 위반
⑤ 임직원 금융투자상품 매매 제한 위반
⑥ 펀드 약관변경 관련 절차 및 보고의무 위반

자료: 금융감독원 보도자료 종합

부동산펀드는 2000년대 중반 부동산 호황기에 급성장하였으며, 이후 경쟁 금융회사 간 시장점유율을 높이기 위한 과당경쟁으로 불공정행위와 경영진 및 펀드 운용자의 도덕적 해이의 발생 가능성이 상존하고 있다.

부동산펀드의 특징은 은행 등 기타 여신 기능이 있는 금융기관이 아님에도 불구하고 예외적으로 부동산 개발과 관련된 법인에 대한 대출을 할 수 있다는 특징을 가진다. 따라서 금융기관이 직접 대출하는 방법으로 PF에 참여할 수도 있지만 직접 대출하는 기능이 없는 기관투자자들의 경우에도 이러한 부동산펀드를 통하여 부동산 개발행위에 투자할 수 있으며, 이는 대출에 참여한 부동산펀드가 부실화될 소지를 안고 있다.[42]

펀드의 부실화와 간접투자자의 재산손실의 직접적 원인은 자산운용회사의 투자자산 운용의 적정성 결여이다. 따라서 부동산펀드를 운용하면서 부동산 관련 사업에 자금을 대여하는 경우 담보권의 충분한 설정 또는 시공사 등으로부터 대여금 상환액의 지급이 보증 등 채권회수를 위한 충분한 조치를 취하여

---

42 이현, 「우리나라 부동산 펀드의 현황과 향후 개선방안」, 『부동산포커스』, 2012, p. 22.

야 한다.

그러나 과거 사례를 비추어 볼 때 자산운용사가 부동산펀드를 운용하면서 담보 부족 또는 미설정, 부실 연대보증인 입보, 상환자금 관리 소홀 등 운용업무의 적정성을 결여함으로써 상당금액의 손실을 초래한 경우가 발생하였다.

2008년 금융위기 당시 PF사업에 투자한 부동산펀드가 부실화되면서 투자자 손실이 부각되었다. 미분양이 증가하면서 실제 약정했던 수익이 나지 않거나, 사업 자체가 진행이 되지 않은 경우도 있었기 때문이다. 특히 대출형 펀드로 PF사업에 자금을 대출한 펀드들의 경우 사업 부실시 투자자에게 큰 손실이 발생하기 때문이다.

☑ 사례

- ○○펀드는 지방 아파트 분양사업 PF방식 공모 펀드로 2006년 3월 설정되어 6월까지 총 2,100억원을 모집하였으며, 6개월마다 7.5%수준의 이자와 분양률이 60% 이상인 경우 성공배당을 통해 연 8.3%의 수익률 제시
- 주택경기 침체로 예상했던 분양이 나오지 않자 투자자들이 판매사를 상대로, 판매사들은 자산운용사를 상대로 소송을 제기
- 불완전 판매를 이유로 판매사인 은행을 대상으로 소송 제기: 금융감독원 은행의 불완전판매를 인정하며 손실액 50% 배상 판결이 나면서 소송 증가
- 판매사들은 펀드운용사들의 운용에 대해 소송: 펀드가 원래 약정한 수익률이 나오지 않아 내용을 살펴본 결과 운용사의 운용상 잘못이 있다고 판단. 판매사가 운용부실과 투자자 수익률 저하에 대한 세부자료 요청에 충실히 대응하지 못했다고 지적

투자자 보호와 관련하여, 일반투자자를 대상으로 판매되는 부동산 펀드의 경우 운용사와 판매사가 분리되어 있으며, 판매사 직원의 설명과 권유에 절대적으로 의존할 수밖에 없는 구조이다.

따라서 업무와 관련된 일체의 직무활동, 투자정보의 제공, 투자의 권유, 금융 투자상품의 매매 또는 그 밖의 거래, 투자관리 등과 이에 직접 또는 간접으로 관련된 일체의 직무행위에 관하여 직무윤리를 준수해야 한다.

[표 4-5] 금융소비자 보호법 금융상품 영업행위 준수사항 주요 내용

구분	내용
적합성 원칙	일반 금융소비자의 재산상황, 금융상품 취득·처분 경험 등에 비추어 부적합한 금융상품 체결의 권유를 금지(제17조)
적정성 원칙	일반금융소비자가 자발적으로 구매하려는 금융상품이 소비자의 재산 등에 비추어 부적정한 경우 이를 고지·확인(제18조)
설명의무	금융상품 계약체결을 권유하거나 일반금융소비자가 설명을 요청시 상품의 중요한 사항을 설명(제19조)
불공정 영업행위 금지	판매업자등이 금융상품 판매시 우월적 지위를 이용하여 금융소비자의 권익을 침해하는 행위 금지(제20조)
부당권유행위 금지	금융상품 계약 체결의 권유시 금융소비자가 오인할 수 있는 허위사실 등을 알리는 행위 금지(제21조)
광고 규제	금융상품 또는 판매업자 등의 업무에 관한 광고시 필수적으로 포함해야 하는 사항과 금지행위 등을 규제(제22조)

자료: 금융위원회

04
부동산신탁

1) 부동산신탁 개요 및 특징

　법률적 의미의 신탁은 「신탁법」(1961년 12월 30일 제정)에 의하여 정의된 재산관리제도로서의 신탁을 의미하며, 일반적으로 신탁(信託)이란 '남에게 일정한 목적에 따라 재산의 관리와 처분을 맡기는 일'이라고 할 수 있다.

　부동산 신탁은 신탁회사가 수탁하는 신탁자산이 부동산인 신탁으로 주택가격의 안정과 토지의 효율적 이용방안으로 유휴토지를 신탁회사에 맡겨 활용하기 위해 1990년 도입되었다. 이후 부동산 개발사업에서 부동산신탁의 역할이 확대되어 왔으며, 특히 금융위기 이후 부동산 PF개발에 참여했던 저축은행 부실 이후 차입형 토지신탁 형태로 부동산개발사업의 주요한 유형으로 자리잡았다.

　신탁은 신탁 자산의 유형에 따라 금전신탁, 유가증권 신탁, 금전채권 신탁, 동산신탁, 부동산신탁으로 구분된다.

「신탁법」상 '신탁'의 의미 ─────────────

(「신탁법」 제2조) "신탁"이란 신탁을 설정하는 자(이하 "위탁자"라 한다)와 신탁을 인수하는 자(이하 "수탁자"라 한다) 간의 신임관계에 기하여 위탁자가 수탁자에게 특정의 재산(영업이나 저작재산권의 일부를 포함한다)을 이전하거나 담보권의 설정 또는 그 밖의 처분을 하고 수탁자로 하여금 일정한 지(이하 "수익자"라 한다)의 이익 또는 특정의 목적을 위하여 그 재산의 관리, 처분, 운용, 개발, 그 밖에 신탁 목적의 달성을 위하여 필요한 행위를 하게 하는 법률관계를 말한다.

자료: 국가법령정보센터.

신탁제도와 대리제도의 유사점은 사적자치의 확대 및 보완이라는 점에서 유사성을 가지나, 재산권의 명의 자체를 수탁자에게 이전하여 수탁자가 신탁 목적에 따라 재산권을 관리·처분하게 된다는 점에서 대리제도와 차별화된다. 따라서 수탁자에게는 위탁자의 재산을 엄격하게 위탁 관리할 선관주의 의무와 높은 수준의 책임이 요구되는 것은 당연하다 할 것이다.

「신탁법」에 명시된 수탁자가 준수하여야 할 책임과 의무사항은 수탁자의 선관의무, 충실의무, 공평의무, 수탁자의 이익향수 금지 등이 있다.

■∷ [표 4-6] 「신탁법」상 위탁자의 책임과 의무 주요 내용

구 분	내 용
제32조(수탁자의 선관의무)	수탁자는 선량한 관리자의 주의(注意)로 신탁사무를 처리하여야 한다.
제33조(충실의무)	수탁자는 수익자의 이익을 위하여 신탁사무를 처리하여야 한다.
제35조(공평의무)	수익자가 여럿인 경우 수탁자는 각 수익자를 위하여 공평하게 신탁사무를 처리하여야 한다.
제36조(수탁자의 이익향수 금지)	수탁자는 누구의 명의로도 신탁의 이익을 누리지 못한다. 다만, 수탁자가 공동수익자의 1인인 경우에는 그러하지 아니하다.

자료: 국가법령정보센터.

「자본시장법」시행에 따라 부동산신탁업자도 금융투자업자로서 「자본시장법」상 강화된 투자자 보호제도를 직용받게 되어 2009년 2월 4일 「투자권유준칙」을 제정·시행하고 내부통제제도를 정비하는 등 신탁상품 고객에 대한 보호강화로 보다 안전하게 부동산신탁상품을 이용할 수 있는 제도적 장치가 마련되었다.

「자본시장법」상 부동산신탁업이란 「자본시장법」에 의해 부동산을 수탁자산으로 하는 신탁업을 의미하며, 「자본시장법」에서는 신탁업자로 하여금 수익자의 신탁재산을 운용함에 있어서 선관주의와 충실의 의무를 명문화하고 있다.

■ [표 4-7] 「자본시장법」상 부동산 신탁업자의 수탁자 윤리 관련 규정

구 분	내 용
제102조 (선관의무 및 충실의무)	① 신탁업자는 수익자에 대하여 선량한 관리자의 주의로써 신탁재산을 운용하여야 한다. ② 신탁업자는 수익자의 이익을 보호하기 위하여 해당 업무를 충실하게 수행하여야 한다.

신탁업자가 신탁재산을 운용함에 있어서 이익상충의 가능성은 항상 존재하며, 일반적으로 ① 수익자의 이익과 수탁자의 이익이 충돌하는 경우, ② 수익자의 이익과 제삼자의 이익이 충돌하는 경우, ③ 수탁자가 복수의 신탁을 수탁하고 있는 경우로 나눌 수 있다.[43]

---

43 김병연, 「자본시장과 금융투자업에 관한 법률상부동산금융관련규제」, 한국비교사법학회, 2009, p. 285.

2) 부동산신탁 부실화 및 윤리

대부분의 신탁사는 윤리강령을 회사 홈페이지에 게재하고 있으며, 고객에 대한 보호, 주주와 투자자에 대한 윤리(이익극대화, 권익 보호), 그리고 국가와 사회에 대한 윤리 등을 포함하고 있다.

■▘ [표 4-8] A사 윤리강령중 고객 및 투자자 관련 내용

구 분	내 용	토지
고객에 대한 윤리	고객 우선	고객이 모든 행동의 최우선 기준임을 인식하고 항상 고객의 입장에서 생각하고 행동하며, 고객의 요구와 기대에 부응하는 최상의 금융상품과 서비스를 제공하여 고객 감동을 위해 노력한다.
	고객 보호	고객의 재산과 안전 및 개인정보를 보호하고 고객의 권익을 침해하는 어떠한 비도덕적, 비윤리적 행위도 하지 않는다.
	고객 예절	모든 임직원은 진실하고 호의적인 태도로 업무에 임하며, 수준 높은 금융전문지식을 바탕으로 윤리적 마케팅활동을 수행한다.
주주와 투자자에 대한 윤리	주주 및 투자자의 이익 극대화	주주와 투자자의 권리를 보호하고, 주주와 투자자의 정당한 요구와 제안을 존중하며, 투명하고 합리적인 의사결정과정과 건전한 경영활동을 통하여 주주 및 투자자로부터 신뢰를 확보하며, 안정적인 수익을 창출하여 기업의 시장가치를 제고한다.
	주주의 권익 보호	소액주주와 외국인 주주를 포함한 모든 주주를 공정하고 평등하게 대우하며, 전체 주주의 이익을 고려하여 경영의사를 결정함으로써 주주의 이익이나 권리가 부당하게 침해되지 않도록 한다.
	적극적인 정보 제공	일반적으로 인정된 회계원칙에 따라 회계자료를 기록 · 관리하고 재무상태와 경영성과를 투명하게 제공한다. 또한 정확한 경영정보를 관련법규에 따라 완전하고, 공평하며, 신속정확하고 이해가 가능하도록 적시에 공시하여 미래의 주주인 투자자 등 정보이용자가 합리적인 투자판단을 할 수 있도록 한다.

국내 부동산신탁회사의 주요한 수익원은 부동산 개발과 관련이 있는 토지신탁, 특히 차입형 토지신탁[44]이라고 할 수 있으며, 이는 수수료율이 높지만 미분양에 따른 사업 손실 위험을 신탁회사가 부담한다는 점에서 위험 또한 높은 금융상품이라 할 수 있다.[45]

부동산신탁회사의 고위험 부담으로 높은 수수료가 발생하지만, 부동산 및 건설경기가 급격한 불황에 직면하게 되는 경우 심각한 운영 위험에 직면할 수 있다. 이러한 위험에도 불구하고 부동산 신탁사들이 차입형 토지신탁에 집중하는 것은 업계 간 경쟁심화로 일반 신탁상품만을 통해서는 경쟁력 확보와 수익성 창출이 어렵기 때문이다.

부동산신탁회사의 부실화를 방지하기 위해 금융당국은 부동산신탁회사의 신탁계정대여금 대손충당금의 적립 기준을 강화한 바 있다.

「신탁법」, 「자본시장법」상에 명시된 바와 같이 부동산 재산의 수탁자로서 부동산신탁회사들이 기본적으로 준수해야 할 기본 의무는 충실의무 및 선관주의 의무이다. 부동산신탁회사는 위탁자 또는 수익자의 신뢰관계에 의하여 신탁재산의 관리직무를 충실히 이행해야 한다.

일반적으로 충실의무의 내용에 관해서는 신탁재산의 이익을 위해서만 행위하여야 하는 의무라는 견해, 수익자의 이익을 위해서만 행위하여야 하는 의무라는 견해가 있으며, 판례는 신탁재산의 이익을 도모할 의무라고 하고 있다.[46]

---

44 위탁자가 맡긴 토지를 개발한 뒤 발생한 수익을 건설사 등에게 배당하는 금융상품으로서 부동산 신탁회사가 시행사의 역할을 담당. 차입형 토지신탁 이외의 부동산신탁 상품은 관리형 토지신탁, 관리신탁, 처분신탁, 담보신탁, 분양관리신탁 등으로서 상대적으로 수수료율이 높지 않음.

45 하나금융연구소, 「국내 부동산신탁업의 발전방안」, 2011, p. 33.

46 이연갑, 「신탁법상 수탁자의 의무와 권한(특집, 신탁법제의 현대화)」, 『선진상사법률연구』통권 제48호, 2009, p. 35.

회사 및 임직원은 신탁업을 영위함에 있어 다음 각 호의 어느 하나에 해당하는 행위를 하여서는 아니 된다. 다만, 수익자 보호 및 건전한 거래질서를 해할 우려가 없는 경우로서 법시행령 제109조 제1항 각 호의 어느 하나에 해당하는 경우에는 이를 할 수 있다.

- 신탁재산을 운용함에 있어서 금융투자상품, 그 밖의 투자대상자산의 가격에 중대한 영향을 미칠 수 있는 매수 또는 매도 의사를 결정한 후 이를 실행하기 전에 그 금융 투자상품, 그 밖의 투자대상자산을 회사의 계산으로 매수 또는 매도하거나 제삼자에게 매수 또는 매도를 권유하는 행위
- 회사 또는 관계인수인이 인수한 증권을 신탁재산으로 매수하는 행위
- 회사 또는 관계인수인이 발행인 또는 매출인으로부터 직접 증권의 인수를 의뢰받아 인수조건 등을 결정하는 인수업무를 담당한 법인의 특정증권 등에 대하여 인위적인 시세를 형성시키기 위하여 신탁재산으로 그 특정증권 등을 매매하는 행위
- 특정 신탁재산의 이익을 해하면서 회사 또는 제삼자의 이익을 도모하는 행위
- 신탁재산으로 회사가 운용하는 다른 신탁재산, 집합투자재산 또는 투자일임재산과 거래하는 행위
- 신탁재산으로 회사 또는 회사의 이해관계인의 고유재산과 거래하는 행위
- 수익자의 동의 없이 신탁재산으로 회사 또는 회사의 이해관계인이 발행한 증권에 투자하는 행위
- 협회에 주요 직무종사자로 등록된 투자운용인력이 아닌 자에게 신탁재산을 운용하게 하는 행위
- 법 제9조 제5항 단서에 따라 일반투자자와 같은 대우를 받겠다는 전문투자자의 요구에 정당한 사유 없이 동의하지 아니하는 행위
- 신탁계약을 위반하여 신탁재산을 운용하는 행위

자료: 금융투자협회(신탁업 관련 불건전 영업금지행위).

수탁자는 선량한 관리자의 주의의무로 신탁재산을 관리하여야 하고, 누구의 명의로도 신탁의 이익을 향수하지 못한다. 따라서 부동산 신탁회사는 위탁자의 재산을 위탁받아, 신탁 계약 설정 당시 계약한 목적 달성을 위해 노력해야 할 의무가 존재한다.

선관주의란 그 직업 또는 지위에 있는 자로서 통상 요구되는 정도의 주의

를 가리키며, 선관의무를 다하였는지 여부는 객관적으로 정해진다. 또한 수탁자가 스스로 높은 능력을 가지고 있다고 표시하여 이를 신뢰하여 신탁이 설정된 경우에는 그 표시된 능력을 갖춘 것을 전제로 선관의무 위반여부를 판단하게 된다.

05
부동산 PF

1) 부동산 PF 개요 및 특징

프로젝트 파이낸싱(PF: Project Financing)은 특정 프로젝트로부터 발생할 미래의 현금흐름만을 대출원리금 상환재원으로 보고, 프로젝트의 유·무형의 자산을 담보로 하여, 별도로 설립된 프로젝트 회사에 자금을 공급하는 자금조달기법이다.

일반적으로 프로젝트 파이낸스에는 자본투자자(equity investor), 사업주체(sponsor), 대주단(syndication) 등 다수의 이해 관계자가 참여한다. 전통적인 기업금융은 금융기관이 프로젝트를 추진하는 기업의 신용도 및 담보를 기초로 대출을 실시하는 데 반해, 프로젝트 파이낸스는 금융기관의 의사결정이 프로젝트 자체의 수익성과 향후 부채 상환 능력에 기초한다는 것이 큰 차이점이다.

일반적으로 PF 사업은 개발사업자(시행사)는 전체 토지대금의 약 10%를 계약금으로 지급하고 사업부지에 대한 권리를 확보한 후, 건설회사 등 사업참여자를 구성하고 금융회사는 토지 소유권의 확보, 사업권 확보 및 인허가 가시화, credit rating이 높은 건설회사의 신용보강 등을 심사하여 대출 여부를 결정한다.[47]

---

47 유구현, 「PF대출의 효율적 관리방안에 대한 제언」, ㈔한국감사협회.

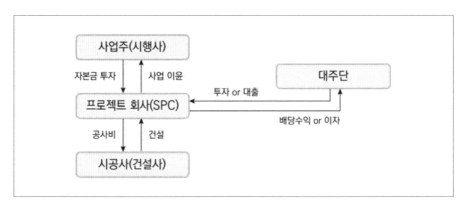

〈그림 4-6〉 **부동산 개발 프로젝트 파이낸스 구조**

2) 부동산 PF 관련 국내외 윤리

(1) 국내 윤리

2008년 당시 부동산 PF 대출이 증가세를 이어가고 있는 상황에서 건설경기 침체가 지속되고 대내외 경제여건이 어려워지면서 금융기관의「부동산 PF 리스크관리 모범규준」이 마련되었다. 모범규준은 부동산 PF에 대한 여신심사, 내부통제, 익스포져(exposure) 관리, 사후관리 등의 기본 원칙 및 사례로 구성된다.

구 분	내 용
부동산 PF 심사· 승인 절차 및 신용평가 모형의 운용	• 금융기관은 부동산 PF 심사 및 절차가 포함된 여신규정 체계를 구축하여야 한다. • 금융기관은 부동산 PF 관련 담당심사역제 도입 등 심사의 전문성 제고에 노력한다. • 금융기관은 부동산 PF 관련 신용평가모형을 운용하여야 한다. • 금융기관은 부동산 PF 취급 시 사업성 분석을 하여야 한다.
내부통제를 위한 조직 체계 마련	• 금융기관은 부동산 PF 리스크관리를 위해 내부통제 절차를 확립하여야 한다. • 금융기관은 신용정책 및 리스크정책을 감안하여 부동산 PF 관련 재무목표를 설정하고 영업전략을 수립하여야 하며, 그에 적절한 자본이 배분될 수 있도록 하여야 한다.
부동산 PF 익스포져의 관리	• 금융기관은 리스크관리를 위한 위험허용한도를 설정하고, 한도를 초과하지 않도록 여신실행을 통제하는 절차와 정책을 마련해야 한다. • 금융기관은 영업과 독립된 부서로 하여금 부동산 PF에 대한 위험수준을 파악할 수 있도록 부동산 PF 현황을 모니터링하고 관리하도록 하여야 한다. • 금융기관은 부동산 PF에 대하여 시공사가 신용보강한 간접 익스포져를 관리하여야 한다.
모니터링 등 사후관리 절차	• 부동산 PF에 대한 사후관리 절차를 설정하고 각 사업장별 정기적인 모니터링 및 사후관리를 수행하여야 한다. • 부동산 PF 관련 관리사업장의 사후관리업무는 영업을 담당하지 않는 조직에서 독립적으로 수행한다.
주기적인 위기상황 점검	• 거시경제변수 등을 감안한 주요 변수가 당해 금융기관이 보유한 부동산 PF 익스포져의 건전성에 미치는 영향을 분석하여 부동산 PF리스크관리를 점검할 수 있도록 한다. • 위기상황 분석 결과에 따라 각 단계별 비상대응 계획을 수립하여 수익성 및 건전성을 관리해야 한다.

자료: 금융감독원 보도자료(2008.10.1) 참조.

(2) 국외 윤리

미국의 경우 프로젝트 금융투자회사에 대한 별도의 법이 존재하는 것은 아니고 프로젝트 금융회사의 형태에 따라 회사법의 적용을 받고 있지 않으며, 일본·호주의 경우에도 부동산 프로젝트 금융투자회사에 대한 별도의 법이 존재하지 않는다.[48]

미국을 비롯한 서구의 부동산 PF에서는 기본적으로 자기자본 및 메자닌 금융으로 착공 이전단계에 토지매입을 위한 자금을 조달한 후에 건설기간에 사용하는 건설자금(construction loan)과 완공 후 모기지 형태로 건설자금을 대환하는 장기자금(permanent loan)으로 잔여 자금을 조달하는 방식이 일반적이다.[49]

> **참고** 미국 저축 대부조합 파산사례
>
> • 대공황 이후 상당기간 대규모 금융위기는 발생하지 않았으나 1980년대 들어 저축대부조합 사태가 수년간 지속되고, 1987년에는 '블랙먼데이' 사태가 발생하는 등 미국발금융위기가 재연됨.
> • 저축대부조합들은 1980년대 초 자기자본비율 완화, 이자율제한 폐지 등 규제가 완화되면서 고수익-고위험 투자에 손을 대기 시작하여 특히 텍사스 지방의 부동산 투기에 많은 자금을 공급하였는데, 부동산 투기업자들도 텍사스의 저축대부조합들을인수하여 투기자금을 조달하고자 하였음.
> • 저축대부조합들은 투기업자에게 이자에 해당하는 자금을 다시 대출해 주는 위험한대출방식을 유지했는데, 이는 텍사스에서 부동산 매입자금을 초과한 대출이 제도적으로 가능했기 때문임.
> 그러나 1983년 이후 부실채권이 급증하기 시작했고 1987년에는 텍사스 소재 280개 저축대부조합 중 약 60개가 지급불능상태에 처하였으며, 이후 1988년부터 1991년까지 전국적으로 869개의 저축대부조합들이 파산하여 정부의 자금지원과 연준의 금리 인하를 초래함.
> 한편 미국 주가는 1982년부터 약 250% 상승한 이후 1987년 10월 19일(블랙먼데이) 하루에 22.6% 폭락하였으며 이전 수준으로 회복되는 데 1년 3개월이 소요됨.
>
> 자료: 하준경, 「미국발 금융위기와 역사적 시사점」, 『한국금융연구원』, 2007.

---

48 한국법제연구원, 「부동산 등 프로젝트금융투자회사(PFV)에 대한 해외 규제 사례 분석」, 2013, p. 55.

49 한국신용평가, 「국내 부동산 PF, 이제는 "REAL PF"가 해법이다」, 2013, p. 11.

미국 저축 대부조합 사태와 서브프라임 모기지 사태는 최근 한국의 PF대출부실의 원인으로 지목되고 있는 금융기관의 도덕적 해이(moral hazard)와 유사한 모습을 보이고 있다.[50]

즉, 부동산 및 건설 분야의 시장 악화로 경영 불인에 빠지고 있는 금융기관이 높은 이자를 주고 자금을 모은 만큼 다시 위험성이 높은 대출 상대에게 높은 금리로 융자해 주는 악순환이 반복으로 인한 부실채권 및 연체율의 증가라는 측면에서 유사성을 가진다.

3) 부동산 PF 부실화 및 윤리

시공사의 신용공여에 전적으로 의존하고 있는 국내 부동산 PF 시장은, 시공사의 무리한 사업 참여로 유동성이 악화될 소지가 높으며, 이는 프로젝트의 사업성과 관계없이 부실화를 초래할 가능성이 항상 상존되며, 이로 인해 다양한 문제점을 야기하게 된다.

국내 부동산 PF 시장의 일반적 특징은 단기적 분양사업 위주의 사업 진행으로 부동산 및 건설경기 변동, 금융시장 상황, 국내외 경제 변수에 따른 충격에 취약한 구조를 가지고 있다. 부동산 PF 방식의 본래 취지인 미래의 사업성을 기초로 대출이 제공되는 것이 아닌 시공사의 신용공여에 절대적으로 의존하고 있어 시공사가 무리하게 사업에 참여하는 경우 유동성 악화로 이어질 가능성이 크다.

시공사의 신용도 등에 의존하는 대출관행 등 시공사에 대한 의존도가 높은 사업방식은 사업성 평가에 대한 부분을 다소 미흡하게 수행할 수 있는 결과를 초래할 수 있다. 국내 PF는 사업은 성공 시 높은 수익을 실현할 수 있는 반면, 실패하는 경우에도 최소한의 자기자본만 손실처리하면 되는 구조로 시행자에게 최소한의 자기자본을 활용하여 외부차입을 극대화하도록 하는 유인

---

50 이규선(산은경제연구소), 「미국 저축대부조합 파산 사례와 LTCM 위기 분석」, 2008,
   p. 119.

을 제공한다.

부동산 PF 분야에서 발생되는 부실화 및 불안 원인은 단기적으로 PF 대출금액이 급성장한 원인에 건설경기 침체가 겹친 것이 주요 원인으로 지적된다. 이는 향후 발생될 위험에 대한 예측과 평가가 정상적으로 작동되지 못했다는 점에서 미국발 서브프라임 모기지사태와 유사성을 지닌다.

일반적인 투자활동에서 높은 투자수익률이 예상되는 사업에는 그에 합당한 위험이 따르게 되는 만큼, 정상적인 위험요소 평가를 간과한 채 수익성만을 추구하는 행위는 부동산 및 건설경기 변화에 따라 항상 부실화될 소지를 내포한다고 볼 수 있다.

1980년대 미국 저축대부조합 사태, 2007~2008년 미국의 서브프라임 모기지 사태, 2011년 한국의 저축은행 PF대출 사태 등 과거 국내외 대형 금융사고들은 공통적인 특성을 가지고 있다. 가장 직접적인 것은 대내외 시장위기가 고조되는 상황에서 사업당사자와 시장참여자들이 위험을 제대로 예측 또는 평가하지 못했다는 것이다. 이러한 위기상황이 결정적으로 외부적으로 표출되게 만든 것은 시장참여자들의 도덕적 해이가 발단이 된 것으로 요약할 수 있다.

참고 **부동산 PF 관련 사례** ──────────────────────────────

○○은행은 내부통제 시스템 구축·운영을 소홀히 하여, 허위 지급보증 및 대출채권양수도계약 부당 체결 등 대규모 금융사고 및 위법행위를 장기간에 걸쳐 반복적으로 발생시켰음.
사고자는 은행장 인감증명서 수령 내용의 관리대장 기재 누락, 사용내역 허위기재 등의 방법으로 은행장 인감증명서를 절취하여 허위 지급보증서 및 대출채권양수도 약정서, 특정금전신탁 원리금보장 확약서 발급에 사용하였음.
준법감시인은 내부통제 규정의 준수여부 점검과 내부통제기준 준수에 대한 모니터링을 소홀히 함.

자료: 정대용, 은행의 리스크관리와 컴플라이언스(「최근 금융사고 사례와 교훈」, 『The Banker』), 2010, p. 27.

06

P2P 대출

P2P 대출은 수요자 금융뿐만 아니라 공급자 금융에서도 최근 크게 부각되었다. 특히나 부동산 펀드나 리츠 등은 개발사업의 부실로 인해 실제 분양받은 사람들이 피해를 보는 반면 P2P 대출은 개인투자자들이 투자한다는 점에서 윤리적인 중요성이 더욱 크다. 개인투자자들이 투자기관보다 리스크 관리에 취약할 수밖에 없기 때문이다.

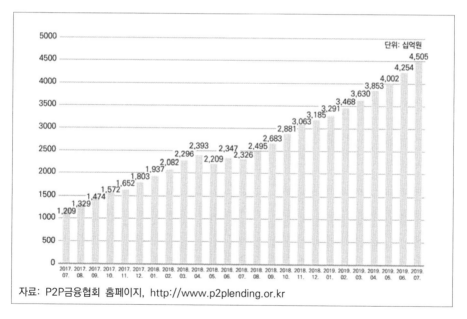

자료: P2P금융협회 홈페이지, http://www.p2plending.or.kr

〈그림 4-7〉 P2P업체 대출취급액 현황

P2P 대출은 주택개발사업의 공급자 금융으로의 역할도 수행하였으며, 2015년 이후 주택경기 호황과 맞물려 급속하게 성장했다.

P2P 대출시장에서 부동산 PF대출 규모는 지속적으로 확대되어 왔으며, 과거 금융위기 당시 저축은행 부실화와 같은 사태에 대한 우려도 확대되고 있다. 2017년 이후 연체율이 증가하면서 감독 당국의 관리도 더욱 강화되고 있다. 금융감독원 자료에 따르면 PF대출의 연체율은 신용대출뿐 아니라 부동산 담보대출 대비로도 크게 높은 수준이다.

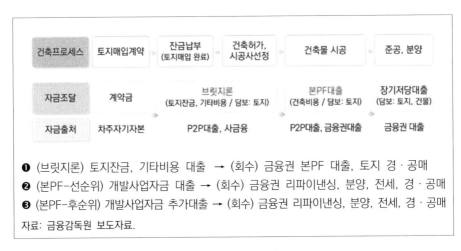

<그림 4-8> P2P 부동산 PF대출 관련 유형

대표적인 업체인 테라펀딩은 2018년 상반기 말 연체율은 0.40% 수준이었으나 2019년 1월 말에는 4.71%까지 급등했다. 테라펀딩의 경우 설립초기부터 부동산 PF사업 중에서도 20~30억원의 소형 부동산개발에 특화된 업체이다. 소형 규모의 PF대출 사업의 경우 상환기간을 건물 준공시점보다 길게 해 분양 리스크를 줄였으며, 준공 후에는 건축주가 건물을 담보로 대출을 받도록 하는 리파이낸싱 구조와 공정관리 전문인력을 운영 등을 통해 낮은 연체율을 유지해 왔다.

부실화에 대한 우려가 커지면서 P2P 업체들의 자정노력도 지속되고 있다. 지난 2018년 6월 어니스트 펀드는 부동산 프로젝트파이낸싱 대출취급 규정을 발표하면서 모범규준을 발표했다. 모범규준에는 내부통제 및 전문 조직 운영, 대출심사 필수 점검, 대출한도 및 기간 강화, 대출 실행 및 자금관리 강화, 원리금 상환 및 사후관리 필수 사항 등의 내용이 포함되어 있다

그리고, 한국 P2P 금융협회는 2018년 9월 자율 규제안을 마련하면서 자율 규제를 위한 4개 원칙(윤리성, 안전성, 전문성, 투명성)을 제시했으며, 그 중 첫 번째로 윤리성을 선택했다.

- 윤리성: 회원은 금융산업의 사회윤리적 책임을 인식하고 사실의 기망, 은폐, 축소나 과장 없이 이용자 및 기타 이해관계자와 소통

  1) (대출기관과 투자기관의 일치)차입자의 대출기간과 투자자의 투자 기간이 일치하도록 하여 무분별한 돌려막기로 인한 투자자 피해 방지

  2) (자신의 이익을 위한 투자 모집 금지)회원과 투자자의 이해 상충 방지를 위하여 자신의 이익을 위한 투자 모집 금지

  3) (대출채권 실사 및 자율 규제 점검)협회는 외부 전문가를 선임하여 분기별 정기 표본 조사와 매년 12월 말 연간 실태조사 및 신규 가입 신청사 현장 실사를 실시

  4) (회원 윤리경영서약 홈페이지 게시)회원 대표(연계금융회사의 대표가 다른 경우 양자)가 협회의 윤리경영 서약서에 서명한 후 대표사진과 함께 협회에 송부하고 홈페이지에 게시하여 회원에 대한 투자자의 신뢰 형성

디지털 금융 협회는 부동산 PF대출 부실을 억제하기 위해 2018년 8월 자율규제안을 발표했다. 대출사산 중 건축 프로젝트 피이낸싱 자산 비중을 30%로 설정하고 개인이나 소상공인 신용대출, 기타담보대출 비중은 PF대출 자산을 뺀 나머지 비중으로 설정하도록 했다.

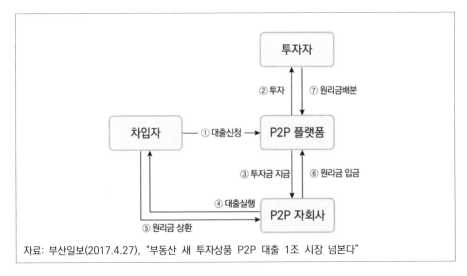

자료: 부산일보(2017.4.27), "부동산 새 투자상품 P2P 대출 1조 시장 넘본다"

〈그림 4-9〉 P2P 구조

07

ESG 투자

   ESG란 기업의 비재무적인 요소인 환경(Environment), 사회(Social), 지배구조(Governance)를 의미한다. 즉, 투자 결정시 수익성 등 재무적인 요소 이외에도 사회적 책임이나 지속가능 투자의 관점에서 이러한 비재무적인 요소 등을 함께 고려한 투자를 의미한다. 기업의 ESG 성과를 활용한 투자방식은 투자자들이 장기적 수익을 추구함과 동시에 사회에도 이익이 되도록 영향을 미칠 수 있다.

   ESG투자는 단기적인 수익보다 지속가능성과 장기 성과를 중시하는 대형 연기금, 기관투자자들을 중심으로 확대되고 있으며, 글로벌 ESG 투자자산 규모도 빠르게 증가하고 있다. 주요 선진국 기관투자자들은 내부적으로 ESG투자 원칙을 수립하고 투자활성화를 주도하고 있으며, 지수개발도 활발하게 이루어지고 있다. ESG 투자 전략은 일반적으로 7개로 구분되어 지는데(<표 4-10> 참조) 글로벌 투자기관 들은 주로 네거티브 스크리닝, ESG통합, 기업경영 참여 전략 등을 채택하고 있다.[51]

---

51 이지언(2017), '글로벌 환경·사회책임·지배구조(ESG) 투자전략의 확산과 시사점', 「금융브리프 26-20」. 금융연구원

■■ [표 4-10] ESG 투자 전략

투자전략	내 용	비중(%)[1]
네거티브 스크리닝 (Negative/exclusionary)	포트폴리오 구성 시 ESG 기준에 부합하지 않는 종목을 제외시키는 방식	36.1
포지티브 스크리닝 (Positive/best-in-class)	ESG평가 결과가 우수한 섹터, 기업, 프로젝트 등을 선정하여 투자하는 방식으로 네거티브 스크리닝에 비해 보다 엄격한 방식	2.5
국제기준 기반 스크리닝[2] (Norms-based)	UN PRI 등 국제 기준의 준수 여부를 근거로 포트폴리오를 구성하는 방식	14.9
ESG 통합행 (ESG integration)	기업 재무 분석 시 ESG 요소를 체계적이고 명시적으로 포함하여 분석하고 이를 토대로 평가하고 투자하는 방식	4.9
지석 가능 테마 투자 (Sustainability themed investing)	환경 등 지속 가능성과 관련된 특정테마 또는 자산에 투자하는 방식으로 임팩트 투자에 수익성도 고려한 방식	0.8
임팩트 투자 (Impact/community investing)	수익성 제고 보다는 사회 및 환경 문제 해결을 목표로 활동하고 있는 단체 및 사업에 투자하는 방식	0.6
기업경영 참여 및 주주 행동주의 (Corporate engagement andf shareholder action)	의결권 행사 등 직접 기업 의사결정에 개입하여 기업이 ESG가이드 라인을 준수하도록 하는 방식	20.1

주 1. 2016년 기준
  2. 미국 SIF(The Forum for Sustainable Responsible Investment)에서는 벤치마크지수 추종전략(Index based)으로 구분
자료: GSIA, 2016 Globla Sustain Investment Review/ 이지언(2017),'글로벌 환경·사회책임·지배구조(ESG) 투자전략의 확산과 시사점', 「금융브리프 26-20」. 금융연구원에서 재인용

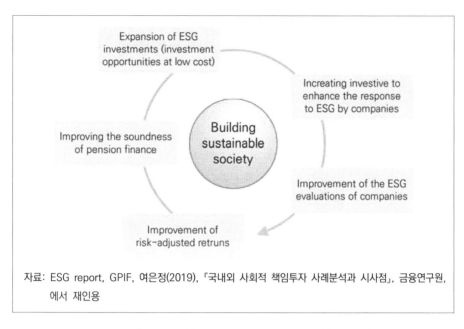

자료: ESG report, GPIF, 여은정(2019), 『국내외 사회적 책임투자 사례분석과 시사점』, 금융연구원,
에서 재인용

〈그림 4-10〉 ESG 투자에 따른 선순환

ESG투자자산은 매년 가파르게 증가하고 있다. 2010년 2.8조원에 불과했으나 2018년에는 30.7조원까지 증가했다. 유럽과 미국이 압도적으로 높은 비중을 보이고 있으나 신흥국 등에서도 증가할 것으로 보는 시각이 많다.

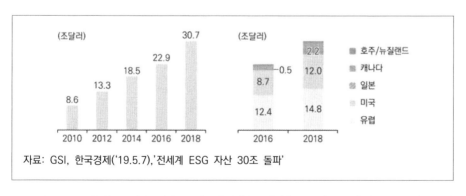

자료: GSI, 한국경제('19.5.7),'전세계 ESG 자산 30조 돌파'

〈그림 4-11〉 ESG 글로벌 투자 추이 및 국별 투자액

ESG 시장도 빠르게 성장하고 있다. ESG에 대한 관심이 높아지면서 2018년에 급증했다, 2018년 말 기준 약 2.조원으로 2007년 대비 3배 이상 성장했으나 아직 글로벌 시장에 비해서는 규모가 아직 적은 상황이다.

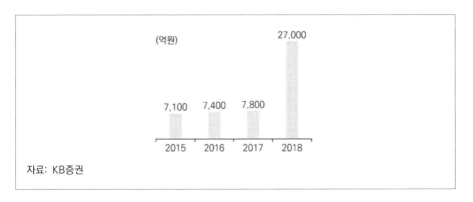

〈그림 4-12〉 **국내 ESG 투자자산 규모**

부동산 개발분야에서도 부동산 투자의 지속가능성에 대한 관심이 확대되고 있다. 이와 같은 움직임은 미국에서 빠르게 나타나고 있는데 미국 정부는 부동산에 환경을 중시하는 직접적인 영향력을 계속 키우고 있다. 특히 파리협정(Paris Agreement)[52]과 관련해 지속적인 프로그램을 적극 추진하고 있다. 9개 동부지역 州(Maine州부터 Maryland州까지)는 강제적인 탄소배출권 거래제(cap‒and‒trade) 의정서를 이행하기 위해 Regional Greenhouse Gas Initiative에 참여하는 등 각종 단체들이 에너지 절감 등 환경과 관련된 협정에 동참하고 있다. 미국과

---

52 2015년 12월 12일 파리에서 열린 21차 유엔 기후변화협약 당사국총회(COP21) 본회의에서 195개 당사국이 채택한 협정. 버락 오바마 전 미국 대통령 주도로 체결된 협정이다. 산업화 이전 수준 대비 지구 평균온도가 2℃ 이상 상승하지 않도록 온실가스 배출량을 단계적으로 감축하는 내용을 담고 있다. 21차유엔기후변화협약 당사국총회 협정'이나 `파리기후변화협정'이라고도 부른다. 2020년 이후 적용할 새로운 기후협약으로 1997년 채택한 교토의정서를 대체하는 것이다. 교토의정서에서는 선진국만 온실가스 감축 의무가 있었지만 파리 협정에서는 참여하는 195개 당사국 모두가 감축 목표를 지켜야 한다(한경 경제용어사전).

전 세계적으로 부동산 기관투자자들은 공식적으로 하나의 용어사용을 약속하고 있다. "고도의 지속가능한 부동산 실행(high‑performance sustainable real estate)"이라는 용어이다. 이 개념은 부동산 매니저들이 지속가능하면서 사회적으로 책임 있는 실행을 포트폴리오 구축과 자산관리에 반영하는 것이다. 그리고 또 다른 개념으로 "환경 대쉬보드(environmental dashboard)"를 개발해오고 있다. 이 사용목적은 테넌트와 함께 비용절약을 공유한다는 개념으로 "부동산 소유주들이 채택(landlord of choice)"하게 하는 것이다.[53]

한편, 부동산과 인프라 투자에 대한 지속가능성을 평가하는 기관도 생기고 있다. GRESB는 매년 부동산과 인프라 투자에 평가 및 발표하는 국제기관이다. GRESB 서베이는 부동산 지속가능성과 관련한 관리(Management), 정책과 공표(Policy&Disclosure), 위기와 기회(Risks&Opportunities), 성능 지표(Performance Indicators), 모니터링과 환경관리 시스템(Monitoring&EMS), 이해 관계자 참여(Stakeholder Engagement), 건물 인증(Building Certifications), 총 7개 평가 분야로 이루어져 있다. 이 조사는 유사 자산 그룹간의 ESG 상대 평가를 통해 1 Star 등급에서 최고 등급인 5 Star까지의 등급을 부여한다.[54]

이와 같이 부동산에도 ESG 투자의 중요성이 점차 확대되고 있으며, 부동산 투자 시에 재무적 성과뿐만 아니라 환경, 사회에 미치는 영향을 종합적으로 분석하여 투자활동에 반영하는지가 영향을 미치고 있는 것이다. 이로 인해 부동산 투자 포트폴리오에서 자원 절감 및 환경 유해 요인들을 줄이려는 노력이 부동산 개발사업에도 필요해지고 있다. ESG 투자 시장의 성장은 금융투자에서는 이미 크게 성장하고 있으며, 국내 부동산 개발시장에도 점차 확대될 것이다.

---

53 델코 홈페이지(2019.1), 'SG운동이 부동산에서 활발히 전개되고 있다.'

54 이지스자산운용은 GRESB(Global Real Estate Sustainability Benchmark)가 부동산 투자 ESG(환경, 사회, 지배구조) 성과를 평가하는 '2019 GRESB Real Estate Assessment'에서 최고 등급인 '5 Star'를 받았다. '이지스자산운용, 부동산투자 ESG 평가 최고등급 수상', 대한금융신문, 2019년 9월 26일

08
부동산금융의
윤리와 발전방안

1) 부동산금융 윤리의 필요성

부동산금융은 부동산 수요의 확대, 부동산 시장 안정화 및 활성화 등의 순기능을 가지나, 급격한 경기 변동 시 금융기관 및 금융소비자가 갖는 다양한 위험요소로 부실화 등의 역기능도 존재한다.

부동산금융이 갖는 순기능이 발휘되기 위해서는 부동산금융 종사자 및 시장참여자 모두가 부동산이 갖는 고유한 특성을 이해하고, 금융업에서 요구되는 일반적인 윤리규정보다 더 높은 수준의 윤리를 준수하고자 하는 자세에서 출발할 것이다.

최근 부동산금융 분야는 외환위기 이후 선진 금융기법의 도입과 부동산 등 실물자산과의 결합으로 일반 금융소비자들이 이해하기 힘들 정도의 고도화된 상품출시가 가속화되고 있다. 따라서 일반투자자들이 부동산금융 시장으로의 적극적 참여를 유도하기 위해서는 시장의 치열한 경쟁 환경 속에서도 투자자 보호를 위한 임직원의 직무윤리 준수가 무엇보다 중요하다.

외환위기 이후 급격히 발달한 국내 부동산금융 분야가 투자자의 신뢰를 바탕으로 한 단계 발전하기 위해서는 업계 종사자들과 이해관계자들의 높은 윤리의식 제고가 선행되어야 하며, 부동산의 특성을 바탕으로 부동산금융 분야의 윤리 재정립이 요구된다.

투자자 보호는 부동산금융 분야를 지속적으로 성장시켜 줄 수 있는 원동력이며, 출발점임을 다시 한 번 상기할 필요가 있다.

2) 부동산금융 윤리 정립을 위한 향후 과제

과거부터 금융 분야는 고객의 자산을 수탁하여 운영, 관리하는 금융업의 특성상 투자자의 대리인으로서 높은 수준의 의무와 규정을 요구하고 있다. 특히 부동산과 연계된 금융 분야는 대규모 투자자본과 프로젝트 수행의 장기성으로 관련 업무 종사자의 수준 높은 직무윤리가 요구되는 것은 당연하다.

그러나 금융당국을 통한 높은 수준의 관리, 감독과 규제가 적용됨에도 불구하고 관련 사고는 지속적으로 발생하고 있다. 우리나라보다 앞서 발전한 금융선진국에서 발생한 부동산금융 관련 부실화사례를 종합해 볼 때, 법률적 통제만으로 사고의 재발을 담보할 수 없음을 확인할 수 있었으며, 사고 발생 시 실물경제에 미치는 파급력은 매우 크다는 교훈을 얻을 수 있었다. 따라서 관련 종사자들의 높은 윤리의식만이 부실화를 막을 수 있는 최선의 방법임을 다시 인지해야 한다.

그간 금융투자업과 관련한 직무윤리는 비교적 연구와 논의가 활발히 진행되고 있으며 협회 및 업계 자체적으로도 윤리강령 제정 및 선포 등 업계스스로 임직원의 윤리준수를 강화하고 있는 추세다. 그러나 이러한 논의의 대부분이 일반 금융업에 대한 윤리 기준이며 부동산금융에 초점을 둔 논의는 활발하지 않은 상황으로 부동산금융 분야의 윤리규정은 업종별 협회차원의 선언 수준에 머무르고 있는 실정이다.

그러나 ESG투자와 같이 비재무적인 요소의 중요성도 확대되고 있다는 점에서 이러한 추세는 점차 부동산금융업계에서도 구체화될 것이다. 세계 최대규모 기관투자가인 국민연금은 이미 ESG 투자비중을 앞으로 늘리고 내년부터 투자대상 기업들의 ESG평가를 강화할 방침이라고 밝히고 있다. 이어서 연기금 등도 이러한 ESG평가에 동참하게 될 수 밖에 없다.

　　윤리 준수는 각 업무기관과 종사자의 자율성에 맡기는 것이 이상적인 모습이지만, 자율적 윤리규정 준수가 부동산금융 분야에 뿌리내리기 전까지 부동산금융 분야 종사자들이 윤리를 실천할 수 있도록 기존의 법적 시스템과 조화를 이룰 수 있는 구체적 실천방안 도입이 필요하다.

학습내용정리 Summary

01 공급자 금융은 건설사, 시행사 등의 개발사업 주체가 건물 등 부동산을 건설하는데 있어서 필요한 자금을 조달하는 금융을 의미한다. 건설은 기본적으로 대규모의 자금이 필요한 사업이니 만큼 금융조달의 중요성은 매우 크다고 할 수 있다.

02 공급자 금융에서의 윤리는 결과적으로 투자자에게 피해가 돌아간다는 점에서 매우 중요하다. 특히 아파트의 공급이 많은 경우 중요성은 더욱 커질 수 밖에 없다. 아파트 사업에서 발생하는 부실의 책임은 결국 최종 소비자에게 돌아가기 때문이다.

03 국내 공급자 금융의 발달은 1990년대 후반 IMF이후 본격적으로 이루어 졌다. 부실자산 해소를 위해 리츠, 부동산 펀드 등 간접자본투자 시장이 생성되면서 다양한 수단으로 부동산 개발사업에 자금을 조달할 수 있는 여건이 마련되었다.

04 공급자 금융시장이 확대되면서 윤리는 더욱 중요해 지고 있다. 소자본을 통한 개인의 투자가 가능해졌다는 점에서 사업주체 및 중개금융기관, 운영사 들의 윤리가 더욱 중요지고 있다.

05 부동산 개발금융이 성장하면서 개발리츠, 개발사업에 투자하는 펀드 등이 주목받았으나 경기침체기 부실화되면서 관련 기관 및 운영자들의 윤리가 문제가 되었다.

06 공모형 펀드, 공모형 리츠 시장이 커지고 있으며, P2P를 활용한 소규모 개발금융시장도 급격하게 성장하고 있다. 이러한 방향은 투자대상이 기관에서 개인으로 확장되는 과정이며, 이러한 과정에서 윤리의 중요성은 더욱 확대될 것이다.

07 최근에는 ESG(Environment.Social.Governance)가 기업의 중요한 가치관으로 평가되고 있는 상황에서 부동산개발금융 참여자들의 윤리는 단순히 도덕성 측면이 아닌 사업의 지표로서도 부각되고 있다.

08   부동산시장에서 금융이 순기능을 발휘하기 위해서는 부동산금융 종사자 및 시장참여자의 전문성 뿐 아니라 높은 수준의 윤리의식이 요구된다. 부동산금융은 지속적으로 발전하고 있으며, 이에 따른 금융기법도 다양해지고 있으며, 규제 역시 복잡해지고 있어, 윤리의 중요성이 더욱 커지고 있기 때문이다.

09   ESG를 비롯해 윤리와 관련된 의식이 사회 전반적으로 확산되고 있으나 부동산금융 시장에서의 윤리는 아직 선언수준에서 그치고 있다. 사회변화의 흐름에 맞춰 부동산금융에서도 지속가능경영, ESG 등 에 좀 더 관심을 가져야 한다.

10   부동산금융에 참여하는 종사자들의 윤리 강화와 이를 통한 일반투자자들의 보호는 중장기적으로 부동산금융이 더욱 더 성장하는데 매우 필요한 요인임을 모두가 인지할 필요가 있다.

예시문제 Exercise

01   공급자 금융의 성장과정에서 윤리가 미친 영향을 논하시오.

02   과거 개발리츠에서 발생한 부실사례에서 나타난 윤리적 문제점을 설명하시오.

03   부동산 펀드 운용에서 발생가능한 윤리적 이슈는 어떤 것이 있는지 설명하시오.

04   P2P 대출시장에서 발생가능한 윤리적 이슈를 억제하기 위해 관련 협회, 또는 정부의 대응 방식을 설명하고, 이에 대해 평가하시오.

05   ESG에 대해서 기술하고, ESG의 부각이 향후 부동산 개발사업에 미칠 수 있는 영향을 논하시오.

06   부동산금융 윤리를 위해서 어떠한 교육이 필요한지 논하시오.

07   부동산금융의 윤리 정립을 위해서 사회적으로 어떠한 노력이 필요한지를 개발자, 금융참여자 측면에서 각각 논하시오.

참고문헌

〈연구보고서 및 논문〉

강종만,『서브프라임 모기지 부실사태의 교훈 및 향후 과제』, 한국금융연구원, 2008.

기준하,『P2P대출의 현황과 향후과제』, 국회입법조사처, 2018.

김기형 외,『부동산개발사업의 Project Finance)』, 부연사, 2010.

김병연,「부동산투자신탁(REITs)의 법체계와 부동산투자회사법의 발전」, 2002.

김병연,「자본시장과 금융투자업에 관한 법률상부동산금융관련규제」, 한국비교사
　　　법학회, 2009.

김병연,『자본시장과 금융투자업에 관한 법률상 부동산 금융관련 규제』, 한국비교
　　　사법학회, 2009.

김봉선 외,「사베인즈옥슬리 법(Sarbanes－Oxley Act)이 기업지배구조와 기업경
　　　영에 미치는 파급효과와 학문적·실무적 시사점」, 전략경영학회, 2008.

김종수,「부동산간접투자방법의 현황분석 및 개선방향에 대한 연구」, 건국대학교
　　　부동산대학원 석사학위논문, 2010.

김준형,『하우스푸어 문제의 진단과 대응방안』, 국토연구 제77권, 2013.

박인호,『미국식 부동산전문교육의 도입방안에 관한 연구』, 부동산중개학회지 제1집,
　　　2011.

손재영 외,『한국의 부동산금융』, 건국대학교 출판부, 2008.

손재영 외,『부동산금융의 현황과 과제』, KDI, 2012.

손정락,『일본 버블붕괴 사례에 비추어 본 국내 주택시장의 전망』, NICE Credit
　　　Insight, 2012.

양기진,『미국 서브프라임 위기에서 본 금융소호자보호법에 대한 시사점』, 증권법
　　　연구 제9집 제1호, 2008.

유구현,「PF대출의 효율적 관리방안에 대한 제언」, ㈔한국감사학회.

윤진수,『금융산업의 윤리의식 강화방안』, 기업지배구조리뷰, 2010.

이 현,「우리나라 부동산 펀드의 현황과 향후 개선방안」, 부동산포커스, 2012.

이규선,「미국 저축대부조합 파산 사례와 LTCM 위기 분석」, 산은경제연구소 2008.

이상영 외,「부동산투자회사 제도의 도입 방안에 관한 연구」, 한국건설산업연구원,
　　　1999.

이성복, 『P2P 대출중개시장 분석과 시사점』, 자본시장연구원, 2018.

이연갑, 「신탁법상 수탁자의 의무와 권한(특집, 신탁법제의 현대화)」, 선진상사법
    률연구 통권 제48호, 2009, p.35.

이정숙, 「미국 증권회사 컴플라이언스 프로그램의 이론적 배경과 특징」, 증권법연
    구 제5권 제1호.

이종권 외, 『하우스푸어에 대한 이론적 고찰과 대책』, 토지주택연구원, 2013.

이종권, 『미국 서브프라임 모기지 부실위기의 원인과 파급경로』, 한국사회과학연
    구회 동향과 전망, 2008.

이형기, 「금융투자업의 직무윤리에 관한 연구」, 대한경영학회지 제23권 제5호, 2010.

이형기, 「금융투자업의 직무윤리에 관한 연구」, 대한경영학회지 제23권 제5호, 2010.

정대용, 「은행의 리스크관리와 컴플라이언스(최근 금융사고 사례와 교훈」, The
    Banker, 2010.

정윤모 외, 「금융투자상품 불완전판매 규제현황 및 시사점」, 자본시장연구원, 2015.

정은희 외 2인, 『부동산업 전문직 종사자의 직업윤리에 관한 연구』, 한국부동산학
    회 제42집, 2010.

한영아 외, 「펀드시장 성장사(사건, 제도, 마케팅 전략을 중심으로)」, 경영사학 제29
    집 제1호, 2014.

〈기관자료〉

KB금융지주 경영연구소, 『2018년 부동산시장 진단 및 주요이슈』, 2018.

경제정책비서관실 서면보고자료, 『일본 부동산버블 경험의 시사점』, 2006.

관계기관합동, 『가계부채 종합대책 보도자료』, 2017. 10. 24.

국토교통부 보도자료, 『서민주거안정을 위한 주택시장 정상화 종합대책』, 2013. 4. 1.

금융위원회, 『DSR관리지표 도입방안 및 RTI제도 운영개선방안』, 2018.

금융투자협회, 「금융투자 분쟁조정 주요사례·판례요약」, 2016.

대한상공회의소, 「국내기업의 해외 준법리스크 대응과 과제」, 2014.

시사저널, 공모형 부동산 펀드에 쏠리는 관심… '대출형보다는 임대형, 2018.9.18.

한국금융투자협회 금융투자교육원, 「펀드투자상담사 부동산펀드」, 2014.

〈웹사이트〉

국토교통부(www.molit.go.kr)

금융감독원(www.fss.or.kr)

에프엔가이드(www.fnguide.com)

한국P2P금융협회(www.p2plending.or.kr)

한국리츠협회(www.kereit.or.kr)

색인

케빈정/알에이케이 투자윤리연구센터

2015년 10월, 건국대학교 부동산·도시연구원 산하에 ㈜알에이케이자산운용과 그 회사의 회장인 케빈정의 기부를 받아 설립(2018년 기준 기부금 총액 5억원)

본 센터는 우리나라에서 최초로 부동산 투자와 부동산 경영 활동의 투명성을 제고하기 위해 설립된 연구기관임

본 센터는 부동산 투자운용 전문가 및 부동산산업 종사자들의 직업윤리를 고취하기 위해 지속적으로 노력하고 있음

본 센터의 연구를 바탕으로 건국대학교 부동산학과와 부동산대학원은 미래의 부동산산업 종사자와 현업 종사자들의 직업윤리 함양을 위한 활동을 연구, 교육, 지원하고 있음

• 부동산산업 윤리 과목 운영과 개발비용 및 윤리 특강 지원
• 석좌교수 및 담당 교수진 지원
• 부동산학과 교수와 부동산학과 학생(학부, 석사, 박사)의 부동산산업 윤리 관련 해외연수와 컨퍼런스 참석 지원
• 부동산산업 윤리 어젠다 확산을 위한 연구 및 출판 지원과 장학금 지원
• 기타 부동산산업 윤리 확산과 관련된 활동지원

총괄기획

건국대학교 부동산도시연구원장 이현석
케빈정/알에이케이 투자윤리연구센터장 유선종

기획운영진

케빈정/알에이케이 투자윤리연구센터 책임연구원 신은정
건국대학교 부동산학과 석사과정 정유나
건국대학교 부동산학과 석사과정 고성욱
건국대학교 부동산학과 석사과정 강민영
건국대학교 부동산학과 석사과정 음세호

집필진

KB금융지주 경영연구소 부동산시장연구팀장 강민석
나사렛대학교 국제금융부동산학과 남영우

부동산산업 윤리 시리즈 2
부동산금융의 윤리

초판발행   2020년 11월 25일

지은이   건국대 부동산·도시연구원 케빈정/알에이케이 투자윤리센터
펴낸이   안종만·안상준

편 집   전채린
기획/마케팅   노 현
표지디자인   이미연
제 작   고철민·조영환

펴낸곳   (주) 박영사
             서울특별시 금천구 가산디지털2로 53, 210호(가산동, 한라시그마밸리)
             등록 1959. 3. 11. 제300-1959-1호(倫)
전 화   02)733-6771
f a x   02)736-4818
e-mail   pys@pybook.co.kr
homepage   www.pybook.co.kr
ISBN   979-11-303-0995-8   93300

정 가   10,000원